O DUPLO ETÉRICO

MAJOR ARTHUR E. POWELL

★

O DUPLO ETÉRICO

REVISTA POR J. GERVÁSIO DE FIGUEIREDO

(Revista e acrescida de um glossário elucidativo dos termos sânscritos e outros, insertos no texto

EDITORA PENSAMENTO
São Paulo

Título do original:

The Etheric Double

★

Edição original de
The Theosophical Publishing House
Adyar, Madras — India

Ano

01-02-03-04-05-06-07-08

Impresso em nossas oficinas gráficas.

ÍNDICE GERAL

PREFÁCIO

O objetivo deste livro é apresentar ao estudante de Ocultismo uma síntese coerente de todos, ou quase todos, os conhecimentos que se referem ao duplo etérico e fenômenos conexos, transmitidos à humanidade através da moderna literatura teosófica e de pesquisas psíquicas.

Estes conhecimentos estão dispersos em grande número de livros e artigos. Destes, foram consultados uns quarenta.

O autor deseja observar que sua obra é uma simples compilação; limitou-se a reunir, pelo assunto, textos que são de autoria de outros.

Este método apresenta muitas vantagens. Numa época tão ativa como a nossa, poucas pessoas têm lazer, ainda que o queiram, para manuscar inúmeros trabalhos, reunir ensinamentos e dispô-los num todo coerente.

Assim, pois, é de real interesse que uma pessoa execute essa tarefa, de que as demais aproveitarão com economia de tempo e esforço.

Esta obra revela muita informação nova, pela associação de fragmentos, de procedências diversas, e sob a mão do compilador, no mosaico assim formado, esboçam-se motivos definidos.

Seu trabalho, necessariamente intensivo, destaca certos fatos isolados, que não apresentam individualmente valor ou interesse; mas, aproximados, formam um conjunto substancial e útil.

A exposição metódica dos conhecimentos atuais permite apontar as lacunas existentes que, assim evidenciadas, atrairão a atenção de outros investigadores, incitando-os a completar o trabalho já realizado.

O autor procurou apresentar com escrupulosa exatidão os materiais reunidos. Em muitos casos empregou os próprios termos dos autores que consultou.

Adaptou ou resumiu quando julgou conveniente, de acordo com o contexto, e omitiu as aspas, para evitar que o texto se fizesse pesado e desagradável.

Os diagramas e quadros apresentados são originais. Meramente esquemáticos, não constituem, portanto, representação exata dos fenômenos que tentam elucidar.

CAPÍTULO I

DESCRIÇÃO GERAL

Todo estudante de Ocultismo sabe que o homem possui diversos corpos ou veículos, que lhe possibilitam manifestar-se nos diferentes planos da natureza: planos físico, astral, mental e outros.

O ocultista verifica que a matéria física apresenta sete graus ou ordens de densidade, denominados:

Atômico
Subatômico
Super-etérico
Etérico
Gasoso
Líquido
Sólido

Todos estes graus de densidade estão representados na composição do veículo físico, que, assim, comporta duas divisões bem distintas: o corpo denso, composto de sólidos, líquidos e gases, e o corpo etérico ou duplo etérico, como é também chamado, constituído pelas quatro ordens mais tênues de matéria física.

Pretendemos estudar nos seguintes capítulos este duplo etérico, sua natureza, aparência e funções, as suas relações com os outros veículos e com o Prâna ou Vitalidade; o seu nascimento, desenvolvimento e declínio; o papel que desempenha em certos métodos de cura, no magnetismo, na mediunidade e nas materializações; as faculdades que pode adquirir; enfim, os diversos e numerosos fenômenos etéricos que lhe dizem respeito.

Em resumo, veremos que, embora necessário à vida do corpo físico, o duplo etérico não é, a bem dizer, um veículo de consciência independente. Veremos também que ele recebe e distribui a força vital proveniente do Sol, ligando-se intimamente à saúde física; que possui certos *chakras* ou centros de força que lhe são próprios, cada qual desempenhando uma determinada função; que a lembrança da existência vivida em sonho depende principalmente da matéria etérica; que exerce importante influência na constituição do veículo astral, destinado ao Ego em via de reencarnação; que, semelhante ao corpo físico, morre e se decompõe, permitindo assim à "alma" passar a outra etapa de sua viagem cíclica; que se acha particularmente associado aos tratamentos pelo vitalismo ou magnetismo, e pelo mesmerismo, determinando a cura, a anestesia ou o transe; que é fator principal dos fenômenos das sessões espíritas, como o mover de objetos, produção de golpes e outros sons, e as materializações de todo gênero; que o desenvolvimento das faculdades etéricas proporciona poderes novos e revela muitos fenômenos etéricos, dos quais poucas pessoas têm experiência; que por meio da matéria do corpo etérico é possível magnetizar objetos, como se faz com os seres vivos; enfim, que o corpo etérico fornece os elementos da substância conhecida por ectoplasma.

Têm-se dado diversos nomes ao duplo etérico. Nas primeiras obras teosóficas é, muitas vezes, chamado corpo astral, o homem astral ou *Linga Sharira.*

Nos escritos mais recentes não se dão mais estas denominações ao duplo etérico, pois pertencem realmente ao corpo formado de matéria astral, ao corpo de Kama dos hindus. O estudante que ler a *Doutrina Secreta* e outros livros antigos deve, pois, prevenir-se para não confundir os dois corpos inteiramente diferentes, chamados hoje duplo etérico e corpo astral.

O termo hindu que bem traduz "duplo etérico" é *Prânamâyakosha,* ou veículo do Prâna; em alemão é *Doppelganger.* Depois da morte, separado do corpo físico denso, é a "alma do outro mundo", o "fantasma", a "aparição" ou "espectro dos cemitérios". Em *Raja Yoga,* o duplo etérico e o corpo denso unidos são chamados o *Sthûlopâdhi,* isto é, o *Upâdhi* inferior de *Atma.*

Toda parcela sólida, líquida ou gasosa do corpo físico está cercada por um invólucro etérico; o duplo etérico, como indica o seu nome, é, pois, a reprodução exata da forma densa. Ultrapassa a epiderme de mais ou menos um quarto de polegada. Entretanto, a aura etérica ou Aura da Saúde, como também é chamada, ultrapassa, normalmente, a epiderme, de várias polegadas.

Fato importante a assinalar: o corpo denso e o duplo etérico variam concomitantemente em qualidade; por conseguinte, quem se aplique a purificar o corpo denso, aperfeiçoará, ao mesmo tempo e automaticamente, a sua contraparte etérica.

Na composição do duplo etérico entram todas as categorias de matéria etérica, porém em proporções que variam grandemente, dependendo de vários fatores, tais como a raça, a sub-raça e o tipo da pessoa a também o Karma individual.

Eis as únicas indicações obtidas até aqui pelo compilador, sobre as propriedades e funções particulares dos quatro graus de matéria etérica:

1 — Etérica: utilizada pela corrente elétrica comum e pelo som.

2 — Super-etérica: utilizada pela luz.

3 — Subatômica: utilizada pelas "formas mais subtis de eletricidade".

4 — Atômica: utilizada pelo pensamento em sua passagem de um cérebro a outro.

O quadro seguinte, de autoria de F. T. Peirce, publicado em *The Theosophist* de maio de 1922, é provavelmente exato:

Química oculta	*Física*	*Exemplo*
E1 Atômico	Eletrônico	Electron
E2 Subatômico	Núcleo positivo	Partícula alfa (mesons e neutrons)
E3 Super-etérico	Núcleo neutralizado	Neutron
E4 Etérico	Atômico	N. nascente H. atômico
Gasoso	Gás molecular, etc.	H2, N2 ou compostos gasosos.

É muito provável, porém, que o átomo físico deva ser deslocado para o subplano gasoso, passando os nucleons para o etérico e os mesons para super-etérico. Neste caso, podia haver duas hipóteses quanto aos subplanos atômico e subatômico: o eléctron ou seria mantido no atômico, cabendo o subplano imediato a uma partícula ainda não estudada, intermédiária entre o meson e o eléctron, e de massa vinte vezes maior do que a da última dessas partículas, ou passaria para o subatômico, correspondente ao atômico, fóton e neutrino, cuja massa se supõe que seja 0,20 vezes ou vinte vezes menor do que a do eléctron. A última hipótese parece ser a mais viável.

O duplo etérico é de cor roxa acinzentada ou azul acinzentada pálida, fracamente luminoso e de contextura grosseira ou delicada, conforme o seja a do corpo físico denso.

Tem duas funções principais: a primeira é a de absorver o Prâna ou Vitalidade e enviá-lo a todas as regiões do corpo físico; a segunda é a de servir de intermediário ou ponte entre o corpo físico e o corpo astral, transmitindo a este a consciência dos contatos sensoriais físicos e, outrossim, permitindo a descida ao cérebro físico e ao sistema nervoso da consciência dos níveis astrais e dos superiores ao astral.

Além disto, no duplo etérico se desenvolvem certos centros, por meio dos quais o homem pode tomar conhecimento do mundo etérico e dos inúmeros fenômenos etéricos.

É importante verificar que, embora o duplo etérico seja simplesmente uma parte do corpo físico, não pode, normalmente, servir de veículo independente de consciência, no qual o homem viva ou atue. Possui apenas uma consciência difusa, disseminada em todas as suas partes. É desprovido de inteligência, e quando se separa da contra-parte densa, não pode, por isso, servir de intermediário ao mental.

Como é veículo do Prâna ou Vitalidade e não da consciência mental, não pode, sem prejuizo da saúde, separar-se das partículas densas, às quais transmite as correntes vitais. Aliás, nas pessoas normais e de boa saúde, é difícil a separação do duplo etérico e do corpo denso, e aquele é incapaz de se afastar do mais denso, ao qual pertence.

Nas pessoas a quem chamamos médiuns de efeitos físicos ou de materializações, o duplo se destaca muito facilmente e a matéria etérica constitui então a base de numerosos fenômenos de materialização.

O duplo etérico pode ser separado do corpo físico denso por um acidente, pela morte, pela anestesia e pelo mesmerismo. No caso de anestésicos, a insensibilidade é consequência forçada da expulsão do duplo etérico do corpo físico, pois o duplo é o traço de união entre o cérebro e a consciência superior.

Demais, a matéria etérica assim expulsa leva consigo o corpo astral, amortecendo igualmente a consciência neste veículo; assim, quando o anestésico cessa de atuar, não subsiste, em geral, na consciência cerebral nenhuma recordação do tempo que passou no veículo astral.

Tanto um precário estado de saúde como uma excitação nervosa podem também determinar a separação quase completa do duplo etérico, ficando a contraparte densa fracamente consciente (transe), segundo a quantidade maior ou menor de matéria etérica expulsa.

A separação do duplo etérico e do corpo denso produz geralmente, neste último, grande diminuição de vitalidade.

O duplo ganha a vitalidade perdida pelo corpo denso.

Em *Posthumous Humanity* ("Humanidade Póstuma"), diz o Coronel Olcott:

"Quando um indivíduo treinado projeta o seu duplo, o corpo parece inerte; o mental é "absorvido"; os olhos ficam sem expressão; o coração e os pulmões funcionam fracamente e, muitas vezes, produz-se grande queda na temperatura. Num caso destes, é extremamente perigoso fazer qualquer ruido súbito ou entrar bruscamente no quarto, pois o duplo, pela reação instantânea, volta ao corpo, o coração palpita convulsivamente, e pode sobrevir a morte".

É tão estreita a ligação entre os corpos denso e etérico, que uma lesão neste se traduz por uma lesão naquele, fenômeno este curioso, conhecido sob o nome de repercussão. Sabe-se que a repercussão é igualmente possível com o corpo astral; em certas condições, a lesão deste último se reproduz no corpo físico denso.

No entanto, parece provável que a repercussão ocorre somente no caso de materialização perfeita, em que a forma é por igual visível e tangível, mas não quando é tangível embora não visível, ou visível embora não tangível.

Convém também lembrar que só se verifica o caso acima quando se utiliza da matéria do duplo etérico para a forma materializada. Quando tal materialização é formada de matéria extraida do éter do ambiente circundante, uma lesão na forma em nada afetará o corpo físico, tal qual em nada atingirá um homem um dano feito à sua estátua de mármore.

Convém lembrar que a matéria etérica, embora invisível à vista ordinária, é, entretanto, puramente física; daí ser afetada pelo frio e pelo calor, bem como por ácidos fortes.

Pessoas de membros amputados queixam-se às vezes, de dores nas extremidades do membro cortado, isto é, no lugar que este ocupava.

A razão disto é que a contraparte etérica do membro amputado não foi retirada com a parte física densa. O clarividente observa que a parte etérica continua visível e sempre no mesmo lugar; por isto, estímulos apropriados despertam, neste membro etérico, sensações que são transmitidas à consciência.

Após haver estudado a natureza e os modos de atividade do Prâna (Vitalidade), ocupar-nos-emos mais cômoda e satisfatoriamente de outros fenômenos relacionados com o duplo etérico, tais como sua saída do corpo denso, as suas emanações e outros fatos.

CAPÍTULO II

PRÂNA OU VITALIDADE

(Ver os diagramas I, II, III, IV, V)

Os ocultistas sabem que existem pelo menos três forças independentes e distintas, emanadas do Sol, que chegam ao nosso planeta.

Podem existir outras em número infinito — ao que ninguém se opõe no estado atual dos nossos conhecimentos — porém, estamos bem certos de três, a saber:

1. — *Fohat* ou eletricidade:
2. — *Prâna* ou Vitalidade.
3. — *Kundalini* ou fogo serpentino.

Sob o nome de *Fohat* estão incluidas todas as energias físicas, conhecidas e conversíveis entre si, como a eletricidade, o magnetismo, a luz, o calor, o som, a afinidade química, o movimento, etc.

Prâna ou Vitalidade é uma força vital cuja existência não foi ainda oficialmente reconhecida pelos cientistas ortodoxos do Ocidente, embora alguns suspeitem de sua realidade.

Kundalini, ou fogo serpentino, é conhecido apenas de poucas pessoas; a ciência ortodoxa ocidental ignora-o completamente.

DIAGRAMA I

FORÇAS SOLARES

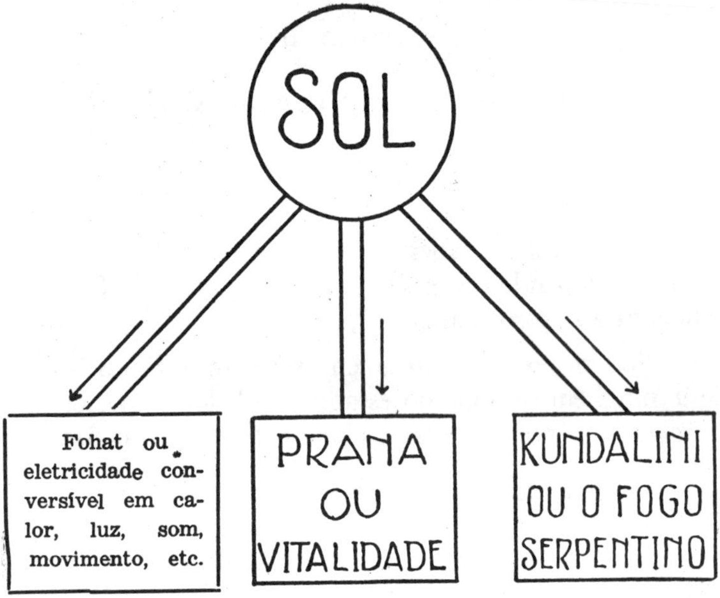

Cada uma destas forças se manifesta em todos os planos do sistema solar.

Estas três forças permanecem distintas e nenhuma delas, em nosso plano, pode se transformar em outra. Este é um fato muito importante, que não deve ser esquecido pelo estudante.

Demais, estas três forças nada têm de comum com as Três Grandes Efusões. Estas representam esforços especiais da Divindade Solar, enquanto Fohat, Prâna e Kundalini parecem antes resultar de Sua vida e representar Suas qualidades manifestadas sem esforço visível.

Prâna é palavra sânscrita, derivada de *pra* (para fora) e de *an* (respirar, mover-se, viver). Assim *pra-an,* Prâna, significa soprar; sopro de vida ou energia vital são os equivalentes portugueses mais aproximados do termo sânscrito.

Como para os pensadores hindus não há senão uma única Vida, uma só Consciência, designou-se por Prâna o Eu Supremo, a energia do Único, a Vida do Logos.

Por conseguinte, a vida em cada plano pode se denominar o Prâna deste plano, sendo Prâna o sopro vital de cada ser.

"Eu sou Prâna... Prâna é vida", diz Indra, o grande Deva, Chefe da hierarquia vital no mundo inferior.

Prâna significa, evidentemente, aqui, a totalidade das forças vitais.

No tratado *Mundakopanishad* se diz que de *Brahman,* o Único, procede Prâna ou a Vida. Prâna é também definido como *Atma* em sua atividade centrífuga: "Do Atma nasceu Prâna" (*Prashnopanissad*). Prâna, diz-nos Shankara, é *Kriyâshakti* — shakti da ação e não a do saber.

Prâna está colocado entre os sete Elementos, que correspondem às sete regiões do universo, aos sete invólucros de Brahman, etc., a saber: Prâna, Manas, Éter, Fogo, Ar, Água e Terra.

Os hebreus mencionam o "sopro da Vida" *(Nephesh)* insuflado nas narinas de Adão. Entretanto, o *Nephesh* não é propriamente o Prâna isolado, porém combinado com o princípio *Kama.* Ambos reunidos formam a "centelha vital", que é "o sopro da vida no homem, nos animais ou insetos; o sopro da existência física e material".

Traduzido em termos mais ocidentais, Prâna, no plano físico, é a vitalidade, a energia integrante que coordena as moléculas e células físicas e as reune num organismo definido; é o "Sopro da Vida" no organismo, ou antes, a porção do Sopro da vida universal, de que organismo humano se apropria durante o breve período de tempo que denominamos "Vida".

Sem a presença de Prâna, não poderia existir corpo físico formando um todo completo, agindo como uma só entidade; sem Prâna, o corpo seria, quando muito, um agregado de células independentes.

Prâna as reúne e as associa num todo único e complexo, percorrendo as ramificações e malhas da tela vital, cintilante e dourada, de finura inconcebível, beleza delicada, constituída por um só fio de matéria búdica, por um prolongamento do *Sutratma* e nas malhas do qual vêm se justapor os átomos mais grosseiros.

Prâna é absorvido por todos os organismos vivos; uma determinada quantidade de Prâna é necessária para a sua existência; não é, pois, de maneira alguma, um produto da vida; pelo contrário, o animal vivo, a planta, etc., é que são seus produtos. Se existir em excesso no sistema nervoso, podem sobrevir a doença e a morte; se for escasso, o esgotamento e, finalmente, a morte são a conseqüencia.

H. P. Blavatsky compara Prâna, energia ativa produzindo todos os fenômenos vitais, ao oxigênio, o produtor da combustão e o agente *químico* ativo em toda a vida orgânica.

Ela compara também o duplo etérico, veículo inerte da vida, ao azoto, gás inerte existente no ar, que, misturado ao oxigênio, tem por função adaptá-lo à respiração dos animais, e que faz parte da composição das proteinas.

A crença popular do gato possuir "sete fôlegos" é devida a ter ele quantidade extraordinária de Prâna; o mesmo fato parece ter valido a este animal, no Egito, atributos sagrados.

No plano físico, este Prâna, esta força vital, constrói todos os minerais. É ele que provoca a diferenciação e a formação dos diversos tecidos dos corpos das plantas, dos animais e dos homens. Estes tecidos revelam sua presença por seu poder de responder às excitações exteriores.

A associação do Prâna astral e do Prâna físico cria a matéria nervosa que é, fundamentalmente, a célula, e confere a faculdade de sentir o prazer e o sofrimento.

Pelo efeito do pensamento, as células estendem-se em fibras, e o prâna, cujas pulsações recebem o influxo dessas fibras, é composto de prâna físico, astral e mental.

Nos átomos do plano físico, o prâna segue as espirilas. Durante a primeira Ronda de nossa cadeia terrestre, o primeiro grupo de espirilas dos átomos físicos entra assim em atividade, sob a influência da Vida monádica, que verte da Tríada espiritual. É por este grupo de espirilas que fluem as correntes prânicas — "sopros de vida" — que agem sobre a parte densa do corpo físico. Na segunda Ronda, o segundo grupo de espirilas entra em atividade e torna-se o campo de ação das correntes prânicas que agem sobre o duplo etérico. Durante estas duas Rondas não há ainda nada — quanto às formas, que se possa chamar sensações de prazer ou de dor. Na terceira Ronda, o terceiro grupo de espirilas entra em atividade, e é somente neste momento que aparece o que compreendemos por sensações. É por intermédio destas espirilas que a energia kâmica, ou energia dos desejos, pode afetar o corpo físico, e que o prâna kâmico pode circular e colocar assim o corpo físico em comunicação direta com o astral. Durante a quarta Ronda, desperta-se o quarto grupo de espirilas, e o prâna kâma-manásico circula livremente, preparando-as para o uso que delas será feito na construção do cérebro físico, o qual mais tarde se tornará o instrumento do pensamento.

Eis até onde progrediu a humanidade normal.

Certas práticas de Ioga (cujo emprego exige muita prudência, pois elas poderiam ocasionar lesões no cérebro), provocam o desenvolvimento dos quinto e sexto grupo de espirilas, que servem de canais a formas mais elevadas de consciência.

É preciso não confundir as sete espirilas do átomo com os "verticilos", em número de dez, dos quais três grosseiros e sete mais delicados. Nos três primeiros circulam correntes das diversas eletricidades, enquanto que os sete seguintes correspondem a ondas etéricas de todo gênero — som, luz, calor, etc.

A *Doutrina Secreta* fala de Prâna como vidas "invisíveis" e "ígneas" que fornecem aos micróbios "a energia vital construtora" e lhes permitem também construir células físicas. Quanto às dimensões, a menor bactéria está para uma "vida ígnea" como um elefante para o microscópico infusório. "Toda coisa visível neste universo foi construida por estas vidas, desde o homem primordial, consciente e divino, até os agentes inconscientes que constroem a matéria".

"Pela manifestação de prâna, o espírito que é mudo aparece como o falador".

Assim, toda vitalidade construtora, no universo e no homem, resume-se em prâna.

Um átomo é também uma "Vida"; sua consciência é a consciência do Terceiro Logos. Um micróbio é uma "Vida", e sua consciência é a consciência do Segundo Logos, adaptada e modificada pelos Logos planetário e "o espírito da terra".

A *Doutrina Secreta* fala também de um "dogma fundamental" de ciência oculta: "O Sol, diz ela, é o reservatório da Força Vital; do Sol emanam as correntes vitais que vibram através dos organismo de todo ser vivo neste mundo".

Eis como se exprimia Paracelso sobre Prâna: "Todo microcosmo está potencialmente contido no *Liquor Vitae*, fluido nervoso... no qual se encotram a natureza, a quantidade, o caráter e a essência de todos os seres".

Paracelso dava-lhe também o nome de Arqueu.

O Dr. B. Richardson, membro de Sociedade Real, chamava-o "o éter nervoso".

As folhas de salgueiro de Nasmyth, são os reservatórios de energia vital solar. O verdadeiro sol está escondido atrás do sol visível e gera o fluido vital que circula através de todo o nosso sistema no decurso de um ciclo de dez anos.

O ariano dos tempos antigos cantava que *Surya*, "ocultando-se atrás de seu Iogue, cobre-lhe a cabeça para que ninguém o veja".

A vestimenta dos ascetas hindus, de cor amarela avermelhada com partes róseas, representa o prâna no sangue humano; é o símbolo do princípio vital contido no sol, ou o que hoje chamamos a cromosfera, a região "cor-de-rosa".

Os próprios centros nervosos são naturalmente nutridos pelo "veículo do alimento" ou o corpo denso, mas prâna é a energia soberana que torna esse veículo obediente e o modela, como o exige o Eu, cuja sede é a inteligência superior.

É importante notar que, apesar da presença dos nervos no corpo físico, não é este que possuí a faculdade de sentir. Como veículo, o corpo físico não sente; é simples receptor de impressões. O corpo exterior recebe o impacto, porém não é em suas células que reside a faculdade de sentir o prazer ou o sofrimento, salvo de maneira muito vaga, amortecida e "maciça", despertando sensações vagas e difusas, como, por exemplo, a da fadiga geral.

Os contatos físicos são transmitidos pelo prâna ao interior; são agudos, penetrantes, picantes, específicos, muito diferentes das sensações lerdas e difusas derivadas das próprias células.

É, pois, invariavelmente, o prâna que dá aos órgãos físicos a atividade sensorial, e que transmite as vibrações externas aos centros sensórios situados no kâma, na bainha, imediatamente vizinha à do prâna, o *Manomayakosha*. É graças ao duplo etérico que o prâna segue os nervos do corpo e permite-lhes, assim, agir como transmissores, não somente dos impactos exteriores, como da energia motora proveniente do interior.

É a circulação das correntes vitais prânicas nos duplos etéricos dos minerais, dos vegetais e dos animais, que faz sair, de seu estado latente, a matéria astral que participa da estrutura de seus elementos atômicos e moleculares, e produz, assim, um "estremecimento". Este permite que a Mônada da forma se aproprie dos materiais astrais; enfim, destes últimos os espíritos da natureza constituem u'a massa vaporosa, o futuro corpo astral.

No mineral, a matéria astral associada ao átomo astral permanente é tão pouco ativa e a consciência aí está tão profundamente adormecida, que não há atividade perceptível entre o astral e o físico.

Nos vegetais superiores parece existir vaga sensação interna do sistema nervoso, porém o desenvolvimento deste é tão pequeno, que apenas lhe permite funções rudimentares.

Nos animais, a consciência astral muito mais desenvolvida afeta os duplos etéricos e, por estas vibrações etéricas, o sistema nervoso, vagamente esboçado nas plantas, é estimulado.

Assim, os impulsos engendrados pela consciência — que quer passar por experiências — dão nascimento a vibrações astrais, e estas, por sua vez, produzem vibrações na matéria etérica. O impulso provém da consciência, mas como esta ainda é incapaz de empreender a construção do sistema nervoso, esse trabalho é começado pelos espíritos de natureza etérica, sob a direção dos Seres luminosos do terceiro reino elemental e a do Logos trabalhando através da Alma-grupo.

Em primiro lugar, aparece no corpo astral um centro que tem por função receber e responder às vibrações que passam ao duplo etérico, onde dão nascimento a turbilhões etéricos, que atráem parcelas de matéria física mais densa e acabam por formar uma célula nervosa, e enfim, grupos de células.

Estes centros físicos, ao receber vibrações do mundo exterior, reenviam os impulsos aos centros astrais, aumentando assim suas vibrações. Os centros físicos e astrais agem e reagem, pois, uns sobre os outros; cada um deles se torna assim mais complexo e aumenta o âmbito de sua utilidade.

Destas células nervosas se constitui o sistema simpático, pelos impulsos emanados do mundo astral, como vimos; mais tarde, o sistema cérebro espinal será formado pelos impulsos provenintes do mundo mental. O sistema simpático permanece sempre ligado diretamente aos centros astrais, mas é importante assinalar que estes centros nada têm de comum com os *chakras* ou rodas astrais. São simplesmente agregados contidos nos invólucros astrais e que formam os começos dos núcleos destinados a construir os órgãos no corpo físico.

Os *chakras* astrais são formados muito mais tarde.

Destes núcleos (que *não* são os chakras) se formam dez órgãos físicos: cinco têm por função receber impressões do mundo externo — em sânscrito *Jnânendriyas,* literalmente, os "sentidos do conhecimento" — isto é, centros sensórios no cérebro, que estão ligados aos olhos, ouvidos, língua, nariz e pele; e cinco outros para transmitir as vibrações da consciência ao mundo externo — os *Karmendriyas,* ou os sentidos da ação, ou "centros sensórios" que engendram a ação; os centros motores no cérebro, que estão ligados aos órgãos sensórios das mãos, pés, laringe, órgãos da geração e de excreção.

O estudante deve observar com atenção que o prâna que segue os nervos é inteiramente indepente e distinto do chamado *magnetismo* do homem, ou *fluido nervoso,* pois este nasce no próprio corpo.

Este fluido nervoso ou magnestismo mantém a circulação de matéria etérica pelas ramificações nervosas ou, mais exatamente, pelo envoltório de éter que cerca os nervos; esta circulação parece-se muito com a do sangue nas veias. Assim como o sangue conduz o oxigênio, o fluido nervoso transporta o prâna para todo o corpo.

Além disso, se as partículas do corpo físico denso se reformam constantemente e são substituídas por outras, fornecidas pelos alimentos, água e ar, da mesma forma as partículas do duplo etérico mudam-se continuamente e são substituídas por partículas novas, introduzidas no corpo com os alimentos ingeridos e o ar respirado, e com o prâna, sob a forma denominada glóbulo da vitalidade, como passamos a explicar.

Prâna ou vitalidade existe em todos os planos — físico, astral, mental, etc. Prâna, a Vida Única, é "o cubo ao qual estão presos os sete raios da roda universal" *(Hino a Prâna, Atharva Veda,* XI, 4). Porém, aqui vamos nos ocupar apenas de sua aparência e métodos de operação no plano inferior, o físico.

Deve também notar-se que no plano físico o prâna é também sétuplo, isto é, existem sete variedades de prâna.

Já vimos que o prâna é absolutamente independente e distinto da luz, do calor. Todavia, sua manifestação no plano físico parece depender da luz solar: quando esta é abundante, o prâna também o é; quando ela está ausente, o prâna igualmente o está.

DIAGRAMA II

O GLÓBULO DE VITALIDADE

(1) – Átomo físico último

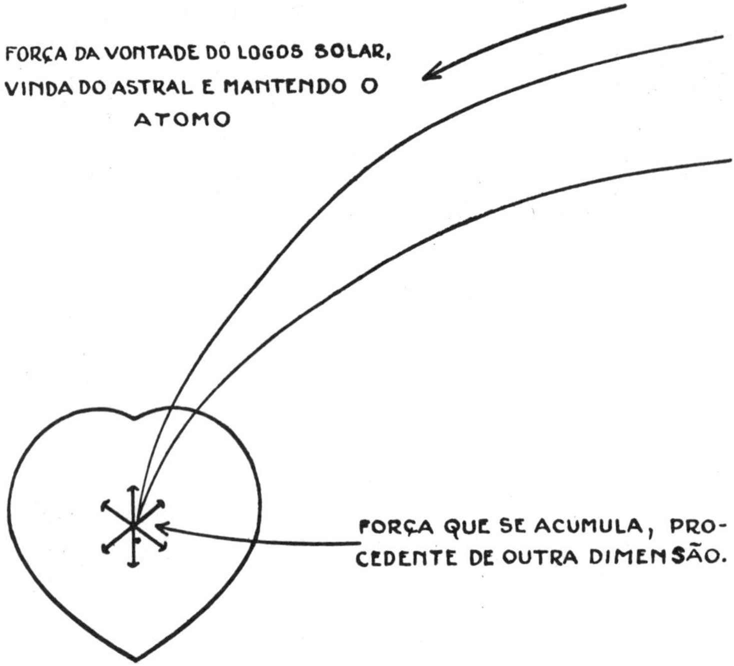

O prâna que emana do sol penetra em alguns dos átomos físicos últimos, que flutuam, inumeráveis, na atmosfera terrestre. Esta força prânica, já o dissemos, "penetra" no átomo físico, porém não o faz por fora; ela provém de uma dimensão superior, a quarta; para o clarividente ela dá a impressão de brotar do interior do átomo.

Assim, duas forças penetram no átomo pelo interior: (1) a força de Vontade do Logos, que mantém a forma própria do átomo; (2) a força prânica.

É importante notar que o prâna provém do Segundo Aspecto da Divindade Solar, enquanto que a força de vontade emana do Terceiro Aspecto.

O efeito do prâna sobre os átomos difere inteiramente dos da eletricidade, da luz, do calor ou de outras expressões de Fohat.

A eletricidade, ao fazer irrupção nos átomos, desvia-os e os mantém de certa maneira; ela impõe-lhes, igualmente, determinada velocidade vibratória. Toda varidade de *Fohat*, como a eletricidade, a luz, ou o ca-

DIAGRAMA III

O GLÓBULO DE VITALIDADE

(2) – A força vital entra no átomo

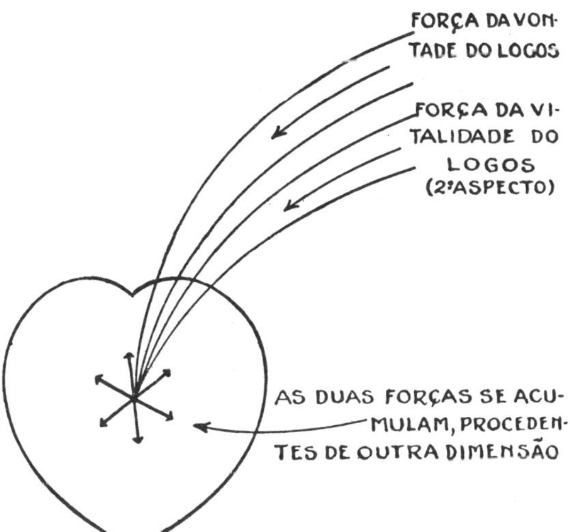

DIAGRAMA IV

O GLÓBULO DE VITALIDADE

(3) – O átomo atrai seis outros átomos

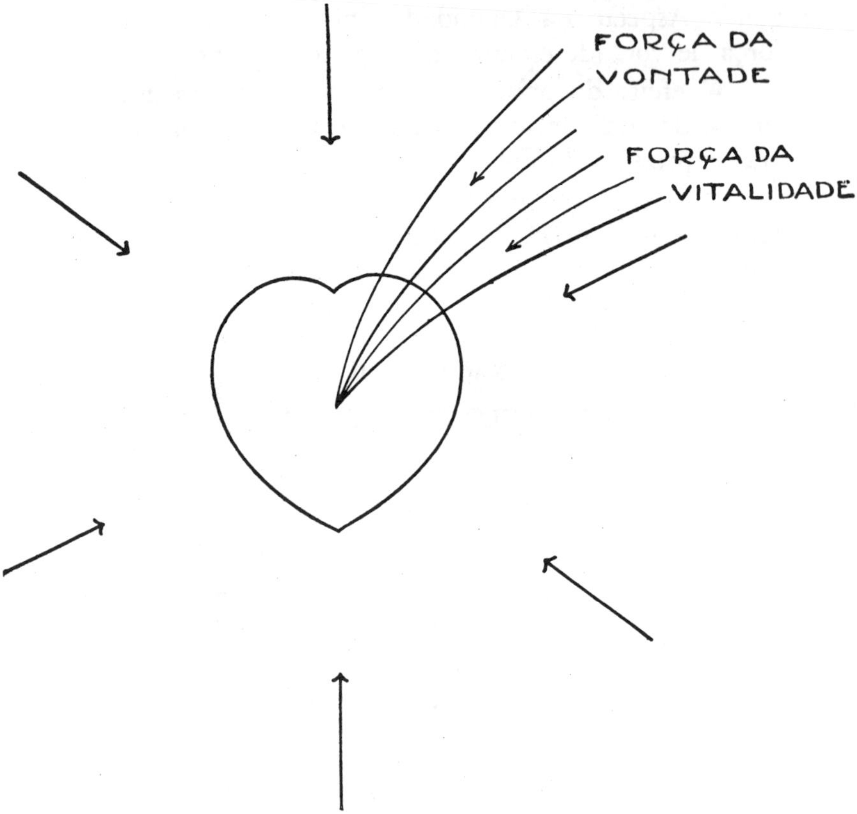

A Força de Vitalidade aumenta a vida do átomo e dota-o de poder atrativo

lor, determina a oscilação de todo o átomo. A amplitude dessa oscilação é enorme, comparada com o tamanho do átomo em si; é preciso compreender que estas forças agem de fora, sobre o átomo.

Os estudantes de ocultismo conhecem a forma e a estrutura do átomo físico último, a menor das partículas materiais constitutivas do plano físico, cujas combinações determinam outras diversas, que chamamos sólidos, líquidos, gases, etc.

Por isso, nos diagramas deste livro, estes átomos físicos últimos aparecem apenas em esboço.

A energia prânica emanada do Sol penetra em certos átomos de nossa atmosfera e torna-os luminosos.

Tais átomos, dotados dessa vida adicional, possuem uma sêxtupla potência de atração, incorporando imediatamente seis outros átomos ao seu redor.

Ficam dispostos de forma particular, que dá lugar, segundo a expressão da *Química Oculta,* a um hiper-meta-protoelemento, ou combinação de matéria no subplano subatômico.

Esta combinação, no entanto, difere de todas as observadas até aquí, pois a força que a cria e mantém provém do Segundo Aspecto da Divindade Solar e não do Terceiro.

Esta forma é denominada *Glóbulo de Vitalidade,* e está representada no diagrama V, ampliação de uma figura da *Química Oculta.*

Este pequeno grupo é a pérola excessivamente brilhante sobre a serpente masculina ou positiva do elemento químico oxigênio; forma também o coração do globo central no rádio.

Em virtude de seu brilho e de sua extrema atividade, podem esses glóbulos ser vistos difundidos na atmosfera, por qualquer pessoa que se dê ao trabalho de olhar. Seu número é imenso, sobretudo em dias ensolarados.

DIAGRAMA V

O GLÓBULO DE VITALIDADE

(4) – Formação do glóbulo

O glóbulo de vitalidade é um hiper-meta-proto elemento, isto é, do nível sub-atômico, e único no sentido de que é criado e mantido coeso pela força emanante do *Segundo Logos (Química Oculta)*

A melhor maneira de discerní-los é desviar o olhar do sol e fixar o foco visual a alguns pés de distância, num fundo livre de céu.

O glóbulo é brilhante, porém quase incolor e é comparável à luz branca.

Já fizemos observar que a força vivificante desses glóbulos é inteiramente diferente da luz; não obstante, parece que não pode se manifestar sem ela.

Quando o Sol brilha, a vitalidade brota e se renova sem cessar, e os glóbulos são gerados em quantidades incríveis. Ao passo que em tempo nublado se nota grande diminuição no número dos glóbulos formados, e durante a noite a operação parece estar inteiramente suspensa.

Assim, pode-se dizer que durante a noite vivemos do estoque gerado na vigília e, embora o esgotamento completo desse estoque pareça praticamente impossível, há diminuição evidente do mesmo numa longa sucessão de dias nublados.

Naturalmente, é ao elemental físico que cabe a tarefa de defender o corpo e de assimilar a vitalidade, como veremos detalhadamente no próximo capítulo. Enquanto o corpo físico está acordado, os nervos e músculos mantêm-se tensos, prontos a funcionar instantâneamente; quando está adormecido, o elemental permite que os nervos e músculos se relaxem, e ocupa-se especialmente em assimilar a vitalidade. Isto explica a influência poderosamente restauradora do sono, mesmo quando breve.

O trabalho do elemental é mais proveitoso nas primeiras horas da noite, quando a vitalidade é abundante.

No ciclo cotidiano, esta mingua mais entre meia noite e o levantar do sol; é por isto que tantos agonizantes expiram neste intervalo; daí, também, o ditado: "Uma hora de sono antes da meia noite vale por duas depois." No inverno, o prâna é menos abundante do que no verão.

Por outro lado, como o prâna está difundido não somente no plano físico, mas em todos os demais, a emoção, a inteligência, a espiritualidade estarão no seu ápice sob um céu puro, quando a luz solar lhes dá sua assistência inestimável. Podemos mesmo acrescentar que as cores do prâna etérico correspondem, até certo ponto, às tonalidades existentes no nível astral. É por isto que os bons sentimentos e os pensamentos retos reagem sobre o corpo físico e o ajudam a assimilar o prâna, e assim a conservar-se sadio e vigoroso.

Uma viva luz parece, pois, projetar-se aqui, sobre às relações estreitas que unem, por um lado, a saúde espiritual, mental e emocional, e por outro, a saúde do corpo físico. Lembremo-nos das bem conhecidas palavras de Nosso Senhor, o Buda, de que o primeiro passo no caminho do Nirvâna é uma saúde física perfeita.

Depois de carregado, o glóbulo de vitalidade torna-se um elemento subatômico e não parece sujeito a nenhuma diminuição ou modificação, enquanto não for absorvido por algum ser vivo.

Antes de abordar o estudo de um assunto extremamente interessante e importante, como o da absorção do prâna no corpo físico, é prciso primeiro estudar, no duplo etérico, o mecanismo que torna possível essa absorção.

CAPÍTULO III

OS CENTROS DE FORÇAS

(Ver diagramas VI, VII, VIII, IX)

No duplo etérico, assim como em cada um de nossos corpos, encontram-se certos centros de força ou *Chakras,* segundo a denominação sânscrita, palavra que significa "roda" ou "disco giratório."

Os *chakras* estão situados na superfície do duplo etérico, a cerca de seis milímetros da superfície do corpo físico. Ao olhar clarividente aparecem como depressões em forma de pires, constituindo vórtices.

As forças que se difundem através dos *chakras* são essenciais à vida do duplo etérico. Por isso todos os indivíduos possuem esses centros de força, embora o grau de seu desenvolvimento varie muito em cada indivíduo. Quando não estão desenvolvidos, brilham foscamente, e suas partículas etéricas, animadas de movimento lento, formam o vórtice apenas suficiente para a manifestação da força e nada mais. Por outro lado, nos indivíduos adiantados, eles fulguram e palpitam com viva luz, brilhando como pequenos sóis. Neste caso, sua dimensão varía de 5 a 15 centímetros.

Nos recém-nascidos, são círculos minúsculos do tamanho de uma moeda comum, pequenos discos, que mal se movem e escassamente brilham.

Os *chakras* etéricos têm duas funções distintas: uma, absorver e distribuir o prâna no corpo etérico, e daí ao corpo físico, para manter a vida deste. A segunda função consiste em trazer à consciência física a qualidade inerente ao centro astral correspondente.

A impossibilidade de transmitir à memória cerebral física a lembrança das experiências astrais, explica-se pelo insuficiente desenvolvimento dos centros etéricos.

Muitas pessoas, perfeitamente despertas e conscientes no plano astral, levam existência ativa no corpo astral. Entretanto, ao voltarem ao corpo físico adormecido, dificilmente uma recordação mínima da vida astral se lhes infiltra no cérebro físico, e isto porque a ponte etérica necessária não está construída.

Quando os centros etéricos estão completamente desenvolvidos, o cérebro conserva a recordação integral das experiências astrais.

Parece não haver conexão alguma entre a atividade e o desenvolvimento dos *chakras* etéricos, de um lado e as qualidade morais, do outro; os dois desenvolvimentos são perfeitamente distintos.

Cada centro do corpo astral corresponde a um centro etérico. Porém, como o centro astral é um turbilhão ou vórtice a quatro dimensões, estende-se em direção diferente; por conseguinte, não é coextensivo com o centro etérico, embora em parte coincida com ele.

Os centros etéricos estão sempre situados na superfície do corpo etérico, porém o centro astral está, frequentemente, no interior do corpo astral.

DIAGRAMA VI

ESTRUTURA DO CENTRO DE FORÇA

(1) – Forma

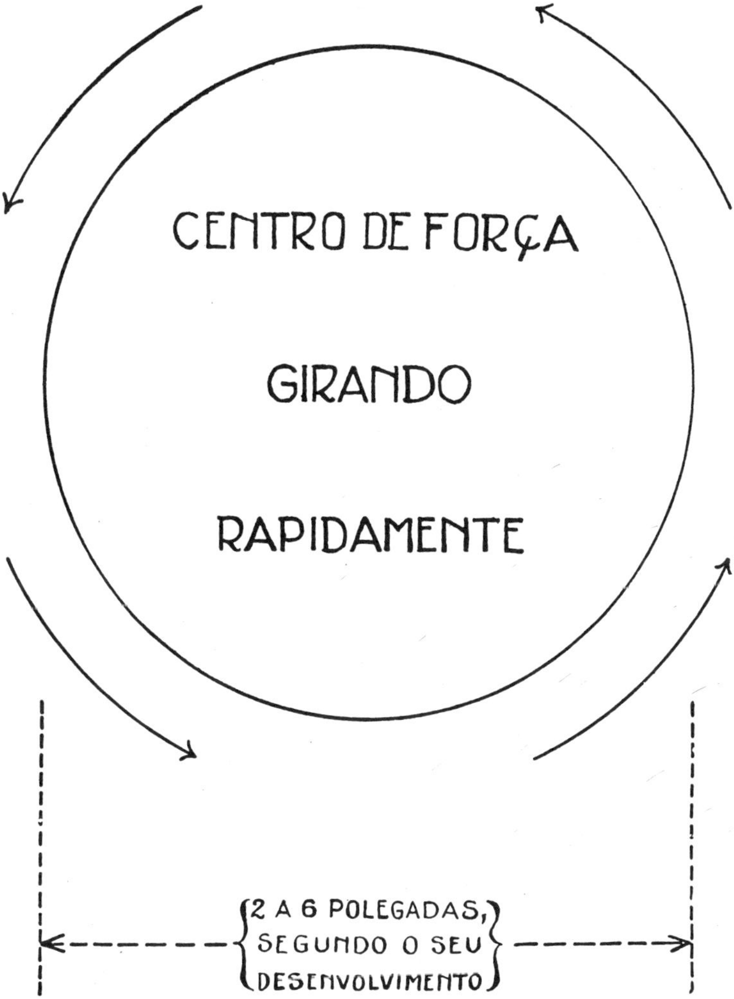

Aparência: Depressão em forma de taça, ou de vórtice, superfície do duplo elétrico, isto é, acima da superfície do corpo físico de cerca de 5 a 6 milímetros.

Função: Transmite forças do astral ao etérico.

N. B. – Centros semelhantes existem em todos os veículos ou corpos.

Já vimos no capítulo segundo que há sete variedades de Prâna, cada uma encontrando-se representada em todos os chakras; porém, cada variedade predomina grandemente sobre as outras, em cada chakra.

O Prâna precipita-se perpendicularmente no centro do chakra; "jorra", seria talvez o termo mais preciso, pois a força passa do plano astral para o etérico. Do centro do chakra, a força irradia-se então perpendicularmente à sua primitiva direção, isto é, no plano

DIAGRAMA VII

ESTRUTURA DO CENTRO DE FORÇA

Influxo da Força Vital

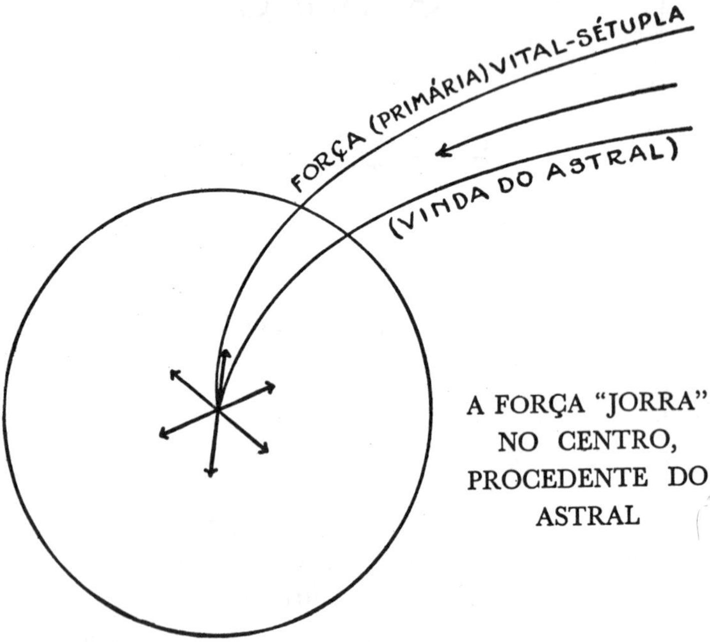

Uma da sete variedades de Força Vital, predomina em cada centro. Este influxo de Força Vital dá vida ao corpo físico

da superfície do duplo etérico, em linha reta e em numerosas direções, semelhantes a raios de roda. O número destes raios difere com o chakra.

Os raios dividem o chakra em vários segmentos, como pétalas de flor; daí que nas obras hindus os chakras sejam descritos como semelhantes a flores.

Assim como um ímã, enrolado por um fio de indução, produz neste fio uma corrente cuja direção é perpendicular ao eixo do ímã, assim a força primária do Prâna, penetrando no vórtice, induz forças secundárias no plano do chakra.

DIAGRAMA VIII

ESTRUTURA DO CENTRO DE FORÇA

Formação de "Raios"

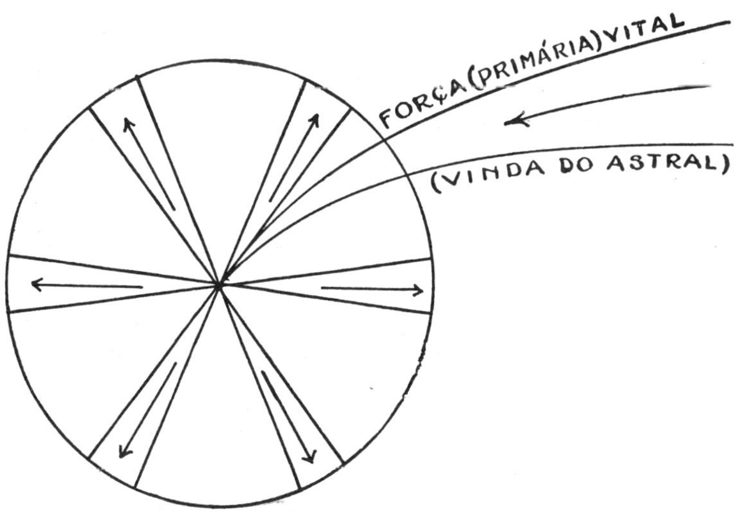

A força primária "brota" no centro, e depois irradia difundindo-se pelos "raios", cujo número difere em cada centro.

Estas forças secundárias giram em redor do *chakra,* passando por cima e por baixo dos raios, assim como o vime que constitui o fundo de um cesto circular, passa alternativamente por cima e por baixo das varetas que se irradiam do centro.

Cada uma das forças secundárias que giram na concavidade de *chakra* possui seu comprimento de onda particular; além disto, em vez de se mover em linha reta, ela se propaga em ondulações relativamente grandes, cada uma delas sendo um múltiplo dos comprimentos de ondas menores que ela compreende.

Os comprimentos de onda são infinitesimais: existem provavelmente milhares numa só ondulação, porém a proporção exata ainda não pôde ser determinada.

Seu aspecto geral, ondulado e irisado, lembra o do nácar, ou ainda certa espécie de vidro veneziano.

Diz-se, freqüentemente, que os *chakras* correspondem a certos órgãos físicos, aos que lhes estão mais próximos; porém, como já advertimos, os *chakras* não se encontram no interior do corpo, e sim, na superfície do duplo etérico.

Os números 8, 9 e 10 referem-se aos órgãos inferiores, que não são empregados pelos estudantes da magia "branca" não obstante, existem escolas que fazem uso deles. Os perigos atinentes a este *chakras* são tão graves, que consideramos o seu despertar o maior dos infortúnios.

O fluxo de vitalidade em qualquer *chakra,* ou através dele, é inteiramente independente e distinto do desenvolvimento do *chakra,* provocado pelo despertar de *Kundalini,* que se descreverá no Capítulo XIII.

Eis a lista dos *chakras* e seus nomes:

N.º	O Órgão físico mais próximo	Nome sânscrito
1.	Base da espinha dorsal	Mulhadhara
2.	Umbigo	Manipura
3.	Baço	Svadhisthana
4.	Coração	Anahata
5.	Garganta	Visuddha
6.	Entre os supercílios	Ajna
7.	Alto da cabeça	Branhmarandhra
8. 9. 10.	Órgãos inferiores	

DIAGRAMA IX

ESTRUTURA DO CENTRO DE FORÇA

Formação das Forças Secundárias

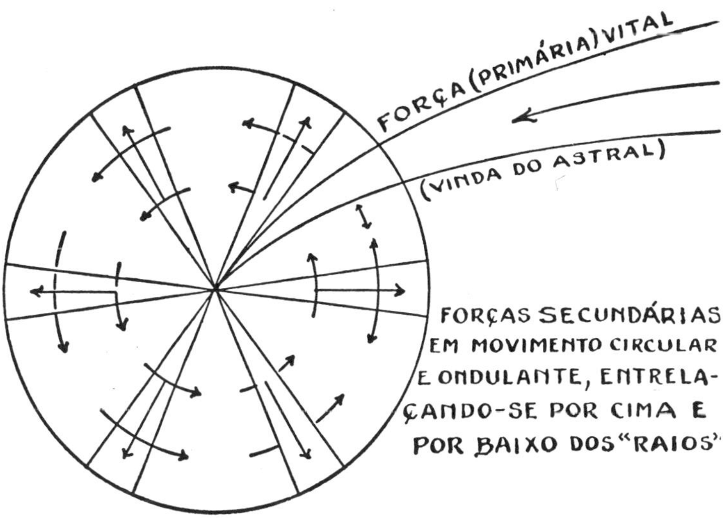

Vamos agora estudar os *chakras* sucessivos; examinaremos a estrutura, aparência, função de cada um e as faculdades que lhe são associadas.

Por motivos que serão explicados adiante, será de toda vantagem começar o estudo pelo 3.º centro, situado perto do baço.

CAPÍTULO IV

O CENTRO ESPLÊNICO

(Vê diagramas X, XI, XII, XIII)

O centro esplênico tem seis raios, e por conseguinte outras tantas pétalas ou ondulações. Tem aspecto particularmente brilhante e fulgura como um Sol.

Ele é único no sentido de ter a importante função de absorver todos os glóbulos de vitalidade da atmosfera, desintegrá-las em seus átomos componentes, e distribui-los, carregados do Prâna transmutado e especializado, pelas diferentes partes do corpo físico.

Os diagramas XI e XIII farão compreender facilmente este processo.

Os glóbulos de vitalidade penetram primeiramente no *chakra* esplênico, onde são fracionados nos 7 átomos componentes, e cada átomo está carregado de uma das sete variedades de Prâna; estes átomos são então captados pelas forças secundárias em rotação e fiados ao redor do *chakra*.

As sete diferentes espécies de Prâna têm as seguintes cores: violeta, azul, verde, amarela, alaranjada, vermelha carregadá e rósea.

DIAGRAMA X

O CENTRO ESPLÊNICO

(1) – Estrutura

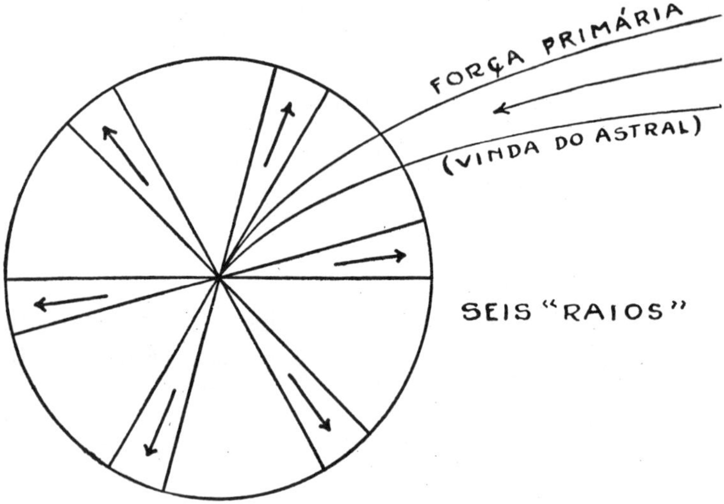

Aparência geral: Brilhante e de cor solar.

Função do Centro Astral: Vitaliza o corpo astral. Permite viajar conscientemente em corpo astral.

Função do Centro Etérico: Vitaliza o corpo físico e permite a recordação das viagens astrais.

Assinale-se que as cores não correspondem exatamente às do espectro solar; fazem lembrar, antes, as combinações de cores que vemos em níveis mais elevados, nos corpos causal, mental e astral.

O índigo do espectro solar está repartido entre os raios violeta e azul do prâna, enquanto que o vermelho do espectro se acha separado em dois: o prâna róseo e o vermelho carregado.

DIAGRAMA XI

O CENTRO ESPLÊNICO

(2) – Absorção dos glóbulos de Vitalidade

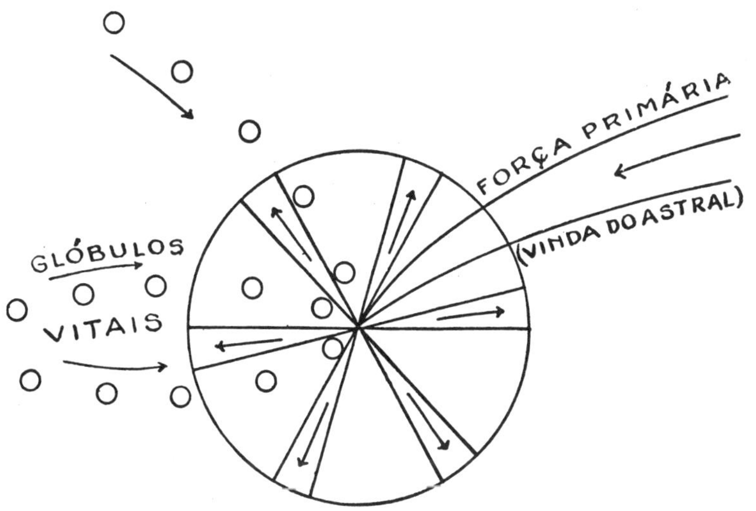

Os glóbulos de Vitalidade são precipitados no centro do Chakra.

Cada um dos seis raios se apodera então de uma variedade de átomos e envia-a ao *chakra* ou parte do corpo que tem necessidade dela.

Isto se dá com apenas seis espécies de átomos; quanto à sétima, ou átomo vermelho carregado, engolfa-se no centro ou vórtice do próprio *chakra* esplênico, donde é distribuido para todo o sistema nervoso.

Os átomos de coloração rósea são os átomos originais que primeiramente atraíram os seis outros para formar o glóbulo.

Os átomos carregados de Prâna róseo são, certamente, a vida do sistema nervoso; é esta variedade de prâna que um homem pode lançar num outro (ver Capítulo XII).

Se os nervos não recebem em abundância este Prâna róseo, tornam-se sensitivos e extremamente irri-

DIAGRAMA XII

O CENTRO ESPLÊNICO

(3) – Decomposição dos glóbulos de Vitalidade

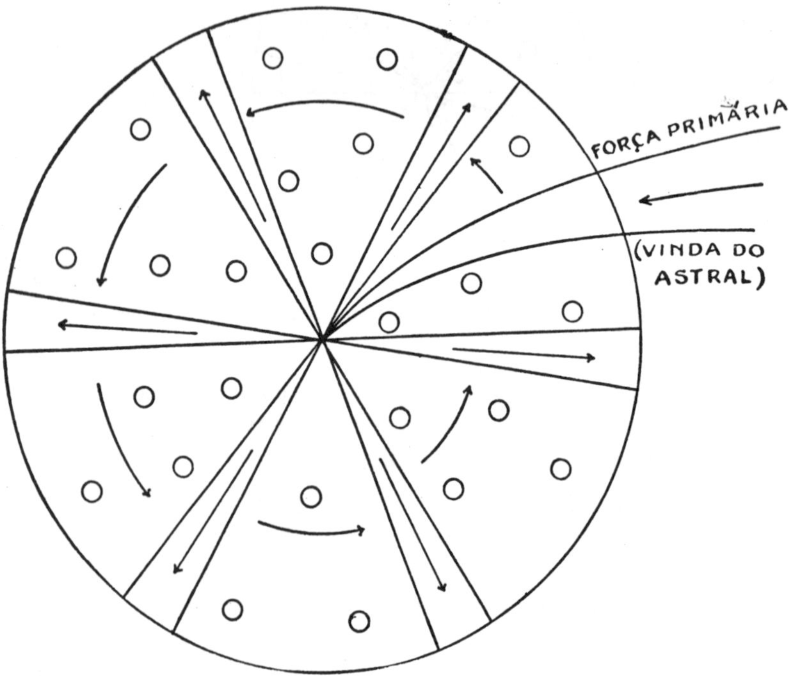

Os glóbulos de vitalidade, depois de precipitados no Centro, são decompostos, e as partículas são giradas pelas "Forças Secundárias".

táveis; o paciente fica presa de grande agitação e o menor ruído, o menor contato são para ele um suplício.

O prâna especializado de uma pessoa sadía, produz alívio imediato ao inundar os nervos do doente.

Embora existam sete diferentes variedades de prâna, há, todavia, apenas cinco principais correntes, tais como são descritas em alguns livros hindus, pois, após a saída do *chakra* esplênico, o azul e o violeta unem-se numa corrente única, e o alaranjado e o vermelho carregado, se fundem em uma outra corrente.

As correntes abandonam o baço horizontalmente.

As cores das correntes e seus destinos são assim descritos:

N.º	*Corrente*	*Destino*
1.	Violeta-azul	Centro da garganta
2.	Verde	Centro do umbigo e abdome em geral
3.	Amarela	Centro cardíaco
4.	Vermelha carregada-alaranjada (com violeta).	Centro da base da espinha dorsal
5.	Rósea.	Sistema nervoso

À medida que as diversas espécies de átomos carregados de prâna são distribuídos nos pontos onde são necessários, descarrega-se o seu prâna de maneira semelhante à da descarga da eletricidade.

O prâna vitaliza o duplo etérico e, por meio dele, o corpo físico denso; a saúde das diversas regiões do corpo depende, em grande parte, da quantidade de prâna distribuido. O papel desempenhado por este fato é considerável na conservação do vigor físico e, nas curas, ele é de importância capital. Estudaremos isto na seção consagrada às curas e ao mesmerismo.

Os àtomos carregados de prâna róseo vão se empalidecendo à medida que percorrem os mesmos e deixam seu conteúdo prânico. Finalmente deixam o corpo através dos poros e de outras maneiras, constituindo assim a chamada aura da saúde, emanação branca-azulada, representada no livro *O Homem Visível e Invisível.*

No homem de saúde vigorosa, o centro esplênico funciona tão vigorosamente, que o número de partículas carregadas de prâna é muito superior às suas necessidades. As partículas não empregadas são expulsas do corpo em todas as direções, pela aura da saúde, juntamente com as esvaziadas do prâna.

Tal homem é, para os que o cercam, uma fonte de força e saúde; constantemente e sem o saber, ele derrama sua vitalidade em toda pessoa que dele se aproxime.

Este processo pode ser intensificado pelas pessoas que se aplicam metodicamente à cura de outros, seja por passes mesméricos, seja por outros métodos, que serão expostos em detalhes em outro capítulo.

Sabe-se igualmente que, além das partículas mencionadas acima, pequenas parcelas de matéria física densa são continuamente expulsas do corpo humano, pela transpiração inconsciente e por outras maneiras. O clarividente percebe-as sob a aparência de tênue névoa acinzentada. Muitas partículas são cristalinas e por conseguinte apresentam formas geométricas; uma das mais comuns é a do cloreto de sódio, ou sal comum, que toma a forma de cubos.

Pelo contrário, a pessoa incapaz, por uma razão qualquer, de por si mesma especializar a quantidade

DIAGRAMA XIII

O CENTRO ESPLÊNICO

(4) — Dispersão das partículas de Vitalidade

AO CENTRO LARÍNGEO

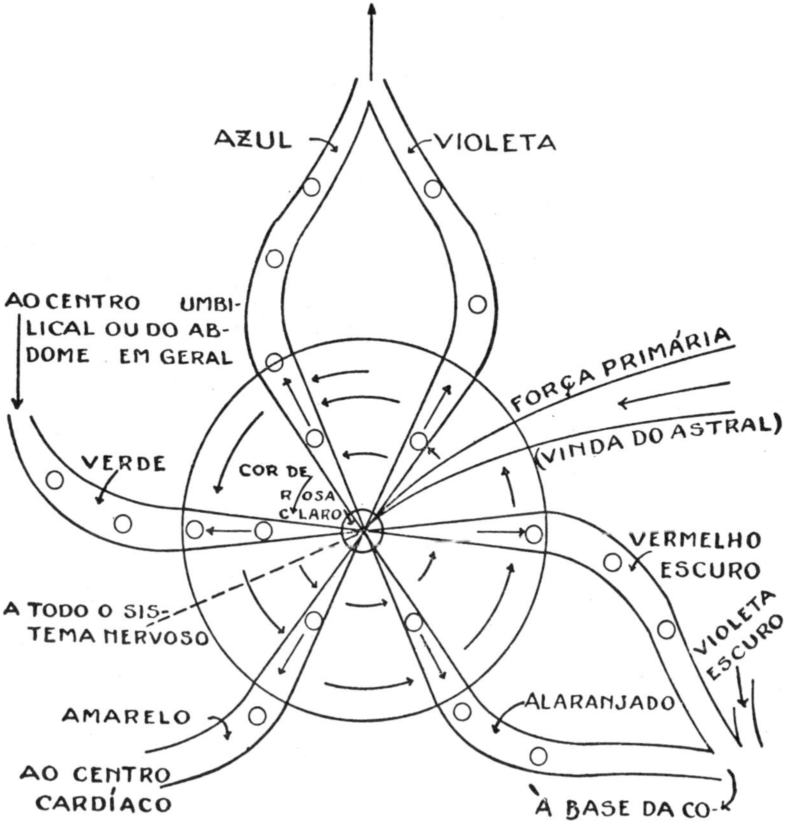

Processo:

1. Os glóbulos de vitalidade são atraídos para o centro.
2. A seguir são fragmentados em partículas.
3. Depois são guiados pelas forças secundárias.
4. São colhidos pelos raios apropriados e enviados ao destino indicado no diagrama.

N. B. — Os átomos róseos são os átomos originais, que atraíram ao seu redor os seis outros para formar o glóbulo.

suficiente de prâna, age, freqüente e inconscientemente, como uma esponja. Seu elemental físico subtrai a vitalidade de toda pessoa sensitiva que se encontre em sua proximidade; a vítima sofre as conseqüências Este fenômeno explica em grande parte as sensações de cansaço e abatimento que se sente na vizinhança de pessoas de temperamento fraco, que possúem a perniciosa e vampírica faculdade de drenar a vitalidade de outros. Isto mesmo pode acontecer, e muitas vezes de maneira mais grave, em sessões espíritas.

O reino vegetal também absorve a vitalidade, mas geralmente parece utilizar-se de uma fração mínima.

Muitas árvores, sobretudo o pinheiro e o eucalipto, tomam desses glóbulos quase os mesmos princípios que a parte superior do corpo etérico humano, rejeitando todos os átomos supérfluos, carregados de prâna róseo, dos quais elas não têm necessidade. É por isto que a vizinhança dessas árvores é extremamente salutar às pessoas que sofrem esgotamento nervoso.

A aura da saúde, constituida pelas partículas expulsas do corpo, desempenha papel útil, qual o de proteger o homem contra a invasão dos germes mórbidos.

Em estado de saúde, estas partículas são projetadas em linha reta, através dos poros, e dão assim, à aura da saúde, o aspecto estriado, pois a sua direção é perpendicular à superfície do corpo.

Enquanto as linhas permanecem firmes e retas, o corpo parece estar quase completamente ao abrigo das más influências físicas, tais como os germes causadores de doenças; estes são literalmente repelidos e arrastados pela corrente centrífuga da força prânica.

Mas, se a fraqueza, grandes fadigas, ferimentos, desânimos ou excessos de uma vida desregrada, tornam necessário que um volume considerável de prâna venha reparar a delapidação ou as lesões físicas, e se, por conseguinte, a quantidade emitida sofre séria diminuição, os raios da aura da saúde decaem e os germes perniciosos podem abrir uma passagem com relativa facilidade ([1])

Em *The Science of Breath* (Ciência da Respiração), traduzida por Rama Prasad, diz-se que a distância natural da superfície do corpo à periferia do "halo" de Prâna é de dez "dedos" durante a inspiração, e de doze durante a expiração. Em outras ocasiões, as distâncias são dadas assim: ao comer e falar, 18; ao andar, 24; ao correr, 42; na coabitação, 65; ao dormir, 100. Diz-se que a distância diminui quando o homem domina o desejo, obtém os oito Siddhis, etc. Embora não haja certeza alguma, parece provável que o "halo" mencionado seja a aura da saúde.

Entretanto, como as distâncias parecem exageradas, a medida em dedos deve se referir à espessura e não ao comprimento do dedo. Isto permitirá conciliar as medidas acima e as observações dos investigadores modernos.

A matéria etérica e o prâna são muito sensíveis à vontade humano. É, pois, muito possível a gente proteger-se contra as influências nocivas mencionadas, parando, por um esforço de vontade, a irradiação de vitalidade no limite exterior da aura da saúde, e transformando esta aura num muro ou casca impenetrável aos germes mórbidos, e impedindo, ao mesmo tempo,

(1) Ver o *Homem Visível e Invisível,* Lâmina XXV, de C. W. Leadbeater.

que a vitalidade seja subtraida por algum vizinho inclinado ao vampirismo.

Um pequeno esforço adicional será suficiente para constituir um envoltório impenetrável às influências astrais ou mentais.

A questão das cascas etéricas é tão importante, que será necessário voltarmos logo ao assunto, para nos ocuparmos dele com mais vagar; no momento, estamos nos limitando a estudar a aura da saúde.

O desenvolvimento do centro esplênico permitirá ao homem lembrar-se dos deslocamentos astrais, é verdade que muito incompletamente; a faculdade associada ao centro astral corresponde à de viajar conscientemente em corpo astral.

As vagas recordações, que muitos referem, de ter deliciosamente atravessado o espaço voando, têm freqüentemente por causa um leve ou acidental estímulo do *chakra* esplênico.

Mencionemos de passagem que o centro astral correspondente ao baço tem, também, por função, vitalizar todo o corpo astral.

CAPÍTULO V

O CENTRO DA BASE DA ESPINHA DORSAL

(Vêr diagrama XIV e XV)

O primeiro centro, o *chakra* situado na base da espinha dorsal, possui uma força primária que irradia quatro raios, dando ao centro a aparência de estar dividido em quatro quadrantes; com depressões entre eles, como uma cruz, símbolo freqüentemente empregado para representar este centro.

Quando sua atividade é completa, este centro tem uma cor vermelha-alaranjada intensa, que faz lembrar bastante a corrente de vitalidade (vermelha-alaranjada carregada) enviada pelo centro esplênico.

Acrescentemos que existe sempre semelhante correspondência entre a cor da corrente de vitalidade, fluindo para um centro, e a cor do mesmo centro.

Além da cor vermelha-alaranjada carregadas, este centro recebe ainda uma corrente de vitalidade escarlate carregada, como se o espectro se dobrasse em círculo e as cores recomeçassem uma oitava abaixo.

Deste centro, o raio vermelho-alaranjado vai aos órgãos genitais e proporciona energia à natureza sexual; parece também penetrar no sangue e manter o calor corporal.

DIAGRAMA XIV

O CENTRO DA BASE DA ESPINHA DORSAL

(a) – Uma pessoa normal

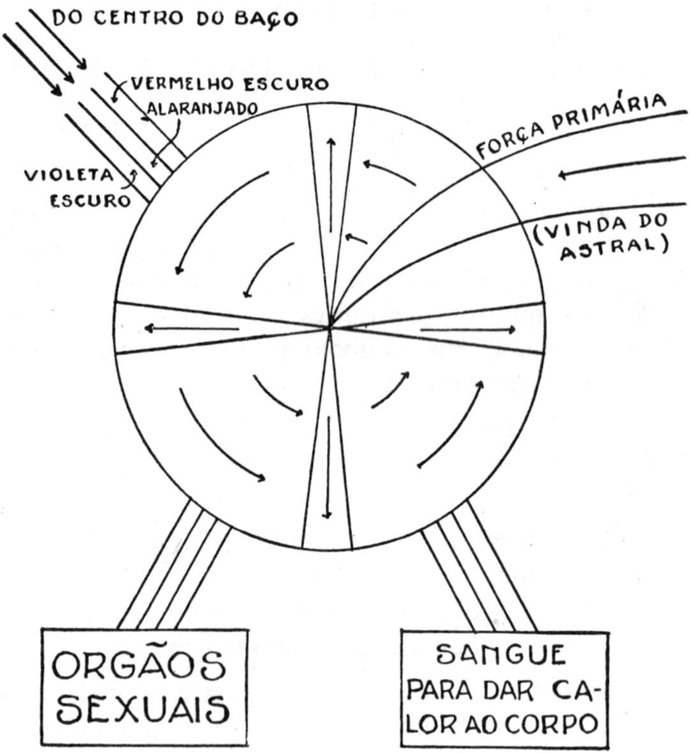

Função do Centro Astral: Sede de Kundalini.
Função do Centro Etérico: Sede de Kundalini.
Aparência: Alaranjada-vermelha ígnea.
Número de raios: Quatro.

N. B. – Kundalini possui 7 camadas ou graus de força.

DIAGRAMA XVI

CENTRO DA BASE DA ESPINHA DORSAL DE UMA PESSOA EVOLUÍDA

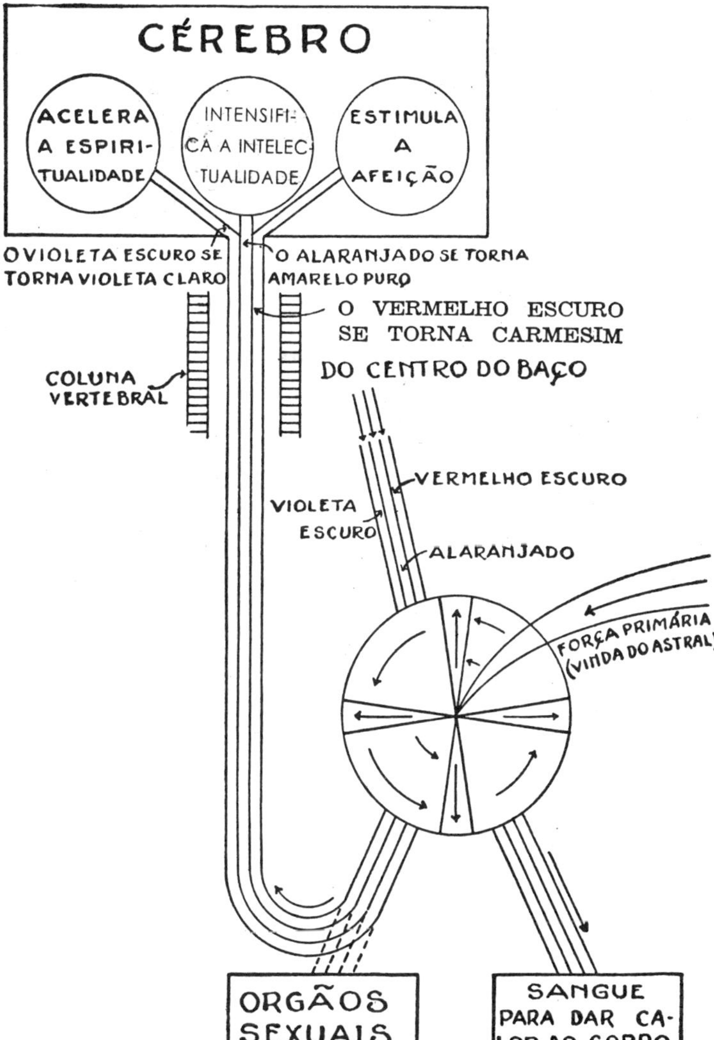

Quando a pessoa se recusa, com persistência, a ceder aos impulsos da natureza inferior, é possível obter um efeito notável e muito importante.

Por esforços prolongados e enérgicos, o raio vermelho-alaranjado, desviado de seu itinerário, pode ser dirigido de baixo para cima, para o cérebro, onde os seus elementos sofrem profunda modificação.

O alaranjado passa a amarelo puro e intensifica as faculdades intelectuais; o vermelho carregado torna-se carmesim e reforça a afeição desinteressada; o escarlate carregado transmuta-se em belo violeta pálido e ativa o lado espiritual de nossa natureza.

Kundalini, o fogo serpentino, reside no centro situado na base da espinha dorsal. Dele falaremos em outro capítulo. Por enquanto, limitemo-nos a notar que o homem que efetuou a transmutação mencionada acima, ver-se-á livre dos desejos sensuais. Quando, para ele, o despertar do fogo serpentino se tornar necessário, estará livre dos gravíssimos perigos que acompanham esse despertar.

Quando a transformação é completa e final, o raio vermelho alaranjado passa diretamente ao centro da base da espinha dorsal, e depois sobe pela cavidade da coluna vertebal e atinge o cérebro.

A cruz flamígera é o símbolo que às vezes se emprega para representar o fogo serpentino, que reside no centro da base da espinha dorsal.

CAPÍTULO VI

O CENTRO UMBILICAL

(Ver diagrama XVI)

O segundo centro, situado no umbigo (ou no plexo solar), recebe uma força primária que se irradia em dez direções, apresentando assim dez ondulações ou pétalas.

Sua cor predominante é uma curiosa mistura de várias tonalidades do vermelho, contendo também muito de verde.

Do centro esplênico recebe um raio verde que invade também o abdome e vivifica o fígado, os rins, os intestinos e, de modo geral, o aparelho digestivo; concentra-se particularmente no plexo solar.

Este centro tem imediata relação com os sentimentos e emoções, de diversas naturezas.

O centro astral correspondente, uma vez desperto, dá a faculdade de perceber certa sensibilidade a todas as espécies de influências, porém sem ainda nada que se pareça à compreensão precisa advinda das faculdades inerentes à vista e ao ouvido.

Quando, pois, o centro etérico se torna ativo, o homem no corpo físico começa a ter consciência das

DIAGRAMA XVI

O CENTRO UMBILICAL

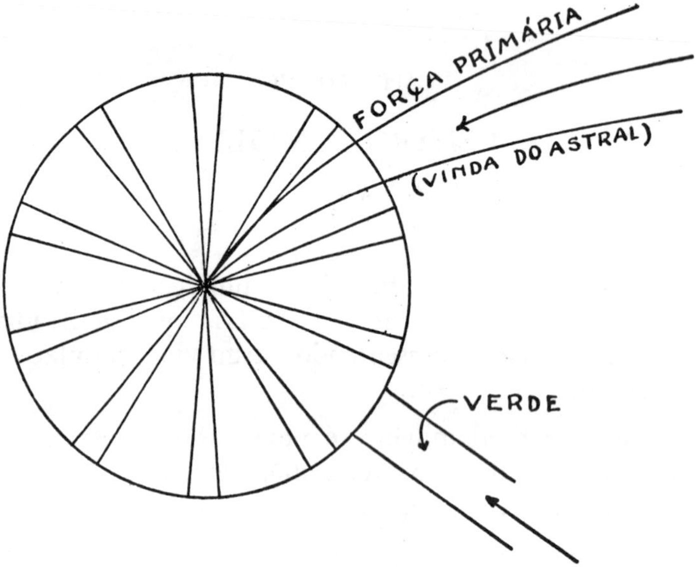

Função do Centro Astral: Sentimento, sensibilidade geral.
Função do Centro Etérico: Sensibilidade às influências astrais.
Aparência: Várias matrizes de vermelho, com muito verde.
Número de raios: Dez.

influências astrais; sente vagamente a benevolência ou a hostilidade; ou, ainda, o caráter agradável de certos lugares e desagradável de outros, sem saber absolutamente o porquê.

O nome em sânscrito deste centro é *Manipûra*.

CAPÍTULO VII

O CENTRO CARDÍACO

(Ver diagrama XVII)

Como já tratamos do terceiro centro, o do baço, passemos ao quarto, que é o cardíaco.

Este *chakra* possui doze raios; é amarelo dourado, brilhante. Recebe o raio amarelo do centro esplênico; quando a corrente é abundante e forte, imprime energia e regularidade.

Fluindo ao redor do centro cardíaco, o raio amarelo impregna igualmente o sangue e por ele é conduzido a todas as regiões do corpo. Dirige-se também ao cérebro, impregnando-o, embora seu alvo principal seja a flor de doze pétalas, situada no centro do sétimo e mais elevado *chakra*.

No cérebro proporciona a faculdade de conceber elevados pensamentos filosóficos e metafísicos.

O centro astral correspondente, quando desperto, confere ao homem a faculdade de admitir, de acolher com simpatia e compreensão instintiva, os sentimentos de outras entidades astrais.

Assim, o centro etérico permite ao homem, em sua consciência física, sentir as alegrias e tristezas de seus semelhantes, e, às vezes mesmo, reproduzir em si mesmo, por simpatia, os sofrimentos e dores físicas de outrem.

O nome sânscrito deste centro é *Anâhata*.

DIAGRAMA XVII

O CENTRO CARDÍACO

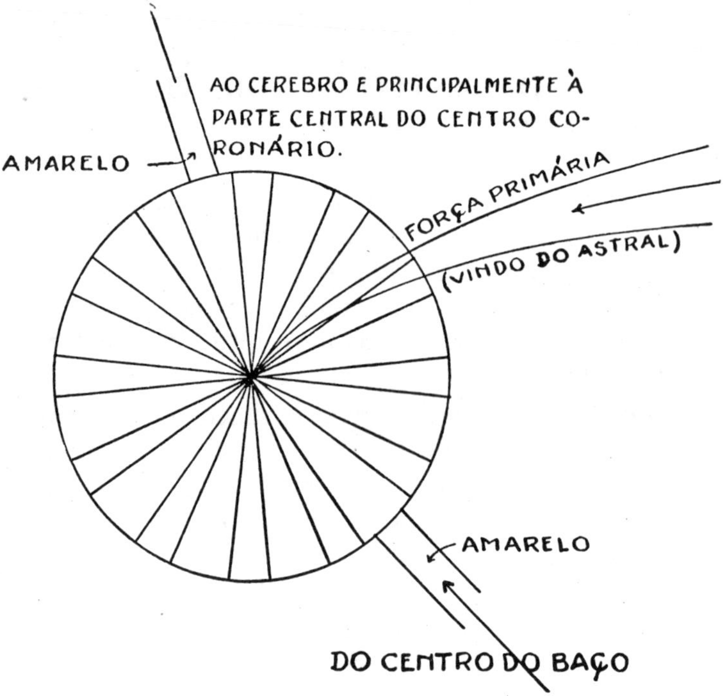

Função do Centro Astral: Compreensão das vibrações astrais.
Função do Centro Etérico: Consciência dos sentimentos de outros.
Aparência: Ouro brilhante.
Número de raios: Doze.

N. B. — O raio amarelo penetra no sangue e com ele circula por todo o corpo.

CAPÍTULO VIII

O CENTRO LARÍNGEO

(Ver diagrama XVIII)

O chakra de dezesseis raios e, por conseguinte, de dezesseis pétalas ou divisões, é o quinto. Sua cor tem muito de azul, porém o efeito geral é prateado brilhante, um pouco da claridade lunar caindo sobre a água ondulante.

Recebe do *chakra* esplênico o raio violeta-azul. Este parece dividir-se depois; o azul claro atravessa e vivifica o centro da garganta, enquanto o azul carregado e o violeta prosseguem até o cérebro.

O azul claro dá saúde às regiões da garganta. À força e à elasticidade das cordas vocais num grande cantor, ou orador, por exemplo, acompanham o brilho e a atividade particular deste raio.

O azul carregado é consumido nas regiões inferiores e centrais do cérebro, enquanto que o violeta inunda as regiões superiores e parece comunicar vigor especial ao *chakra* do alto da cabeça, distribuindo-se principalmente nas 960 pétalas, que cercam exteriormente este centro.

DIAGRAMA XVIII

O CENTRO LARÍNGEO

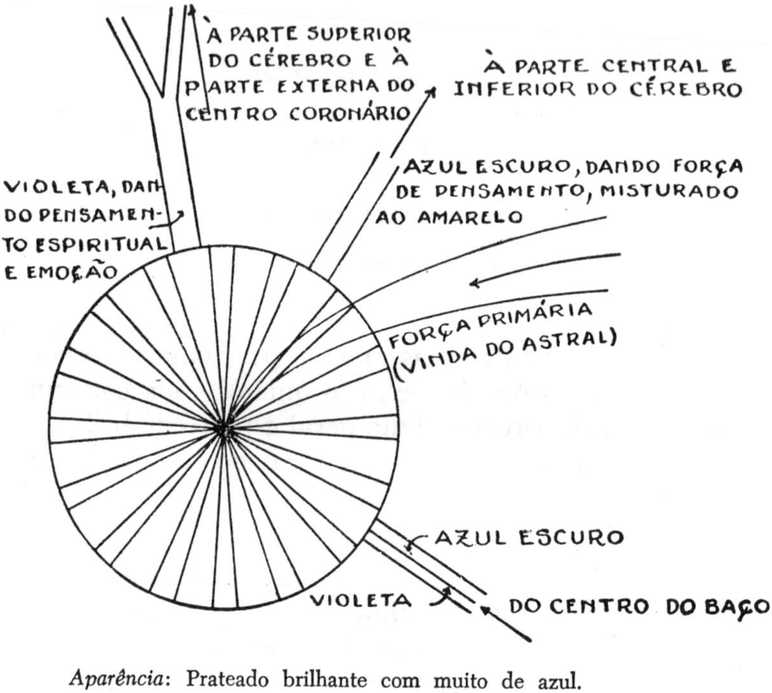

Aparência: Prateado brilhante com muito de azul.
Função do Centro Astral: Ouvido.
Função do Centro Etérico: Audição etérica e astral.
Número de raios: Dezesseis.

O pensamento comum é estimulado pelo raio azul, misturado com parte do amarelo (proveniente do centro cardíaco).

Em certas formas de idiotice, o curso do amarelo e do azul violeta para o cérebro está quase que completamente interrompido.

O pensamento e a emoção de tipo espiritual elevado parecem depender sobretudo do raio violeta.

O despetar do centro astral correspondente dá a faculdade de ouvir os sons do plano astral, isto é, a faculdade que no mundo astral produz efeito semelhante ao que denominamos audição do mundo físico.

Quando o centro etérico está desperto, o homem em sua consciência física ouve vozes que às vezes lhe fazem todas as espécies de sugestões. Pode ouvir música, ou outros sons menos agradáveis.

Quando funciona plenamente, o homem se torna clariaudiente nos planos etérico e astral.

O nome sânscrito deste centro é *Visuddha.*

CAPÍTULO IX

O CENTRO SITUADO ENTRE OS SUPERCÍLIOS

(Ver diagrama XIX)

O sexto centro, situado entre os supercílios, tem 96 ráios. Entretanto, as obras hindus descrevem-no apenas com duas pétalas, sem dúvida porque dá a impressão de estar repartido em duas partes. Destas, uma é de coloração predominantemente de rosa, embora com muito de amarelo; na outra, predomina uma espécie de azul violáceo.

O autor não conseguiu encontrar nenhuma descriação referente à fonte donde sai a corrente prânica que aflui a este centro, embora na *Vida Interna* se mencione que a aparência azul-violácea metade deste centro esteja em estreita harmonia com as cores dos tipos particulares de vitalidade que o vivificam. Parece tratar-se aqui do raio azul-carregado (e violeta?) que passa pelo centro da garganta e vai até o cérebro

O desenvolvimento do centro astral correspondente confere a faculdade de perceber nitidamente a natureza e a forma dos objetos astrais, em vez de sentir vagamente a sua presença.

DIAGRAMA XIX

O CENTRO ENTRE OS SUPERCÍLIOS

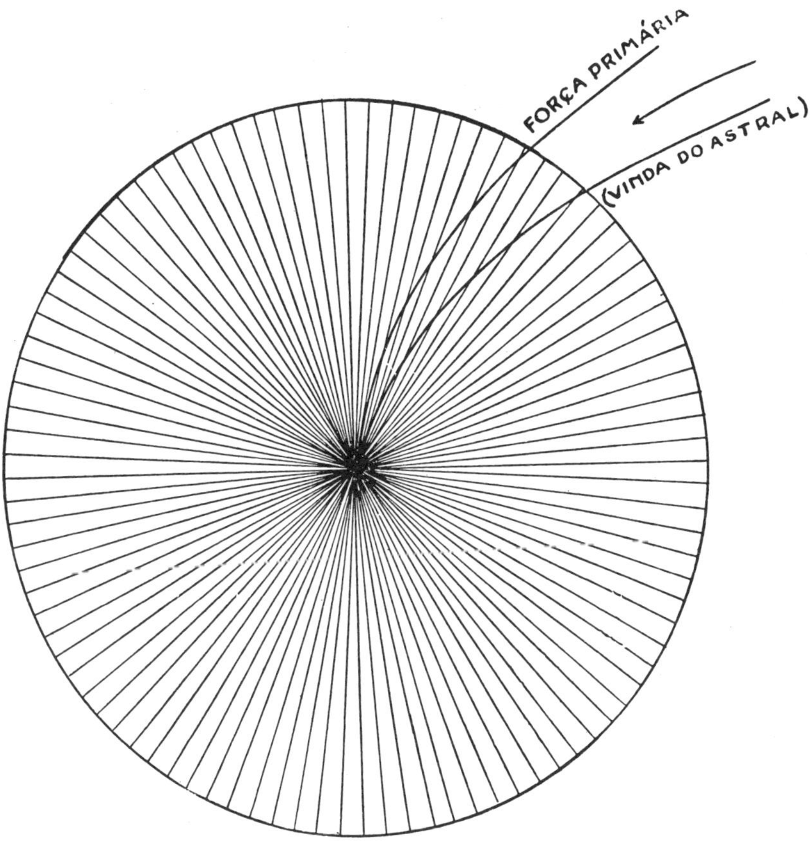

Função do Centro Astral: Vista.

Função do Centro Etérico: Clarividência, Amplificação.

Aparência: Metade predominantemente rósea, com muito de amarelo; metade com uma espécie predominante de azul purpura.

Número de raios: 96.

O despertar do centro etérico permite ao homem começar a ver objetos e ter, acordado, várias espécies de visões de certos lugares ou pessoas.

Quando a clarividência está no início, percebem-se imperfeitamente paisagens e nuvens coloridas.

A faculdade notável de aumentar ou diminuir o objeto examinado, depende deste centro; descrevê-la-emos no capítulo sobre a visão etérica.

O nome sânscrito deste centro é *Ajna*.

CAPÍTULO X

O CENTRO SITUADO NO ALTO DA CABEÇA

(Ver diagrama XX)

Este Centro, o sétimo, situado no alto da cabeça, é constituido diferentemente dos outros. Os livros hindus chamam-no lótus de mil pétalas, embora o número exato de força primária seja 960. Além disso, possui uma espécie de vórtice secundário ou atividade menor, com doze ondulações próprias.

Quando plenamente desperto, é talvez o mais brilhante de todos os *chakras* apresentando todas as gamas possíveis de colorações indescritíveis e vibrando com rapidez quase inconcebível. A porção central, de um branco deslumbrante, apresenta um tom dourado em seu centro.

Este *chakras* recebe, em sua parte externa, o raio violeta que passa pelo centro laríngeo; em sua parte central recebe o raio amarelo proveniente do centro cardíaco.

O despertar do centro astral correspondente é o coroamento da vida astral, pois confere ao homem a plenitude de suas faculdades.

Em certos tipos humanos, os *chakras* astrais correspondentes ao sexto e sétimo *chakras* etéricos, convergem ambos para o corpo pituitário, sendo este último órgão, praticamente, o único elo direto entre o plano físico e os planos superiores.

Em outros tipos humanos, no entanto, conquanto o sexto *chakra* esteja ligado ainda ao corpo pituitário (ou hipófise), o sétimo inclina-se ou desvia-se até coincidir com o órgão atrofiado, chamado glândula pineal. Esta se torna, então, nas pessoas desse tipo, a ponte de comunicação direta com o plano mental inferior, sem aparentemente passar, como é comum, pelo plano astral intermediário, ao que parece. Daí a importância atribuida pelos ocultistas, algumas vezes, ao desenvolvimento da glândula pineal.

O despertar do centro etérico permite ao homem deixar pelo mesmo o corpo físico, com plena conciência, e também voltar ao estado normal, sem perdê-la, de forma que a consciência terá continuidade de dia e noite.

O motivo real da tonsura prescrita pela Igreja Catolica Romana é deixar descoberto o *chakra brahmarandra,* de maneira a dar plena liberdade à energia psíquica, a qual em suas meditações os candidatos se esforçam por despetar.

DIAGRAMA XX

O CENTRO CORONÁRIO

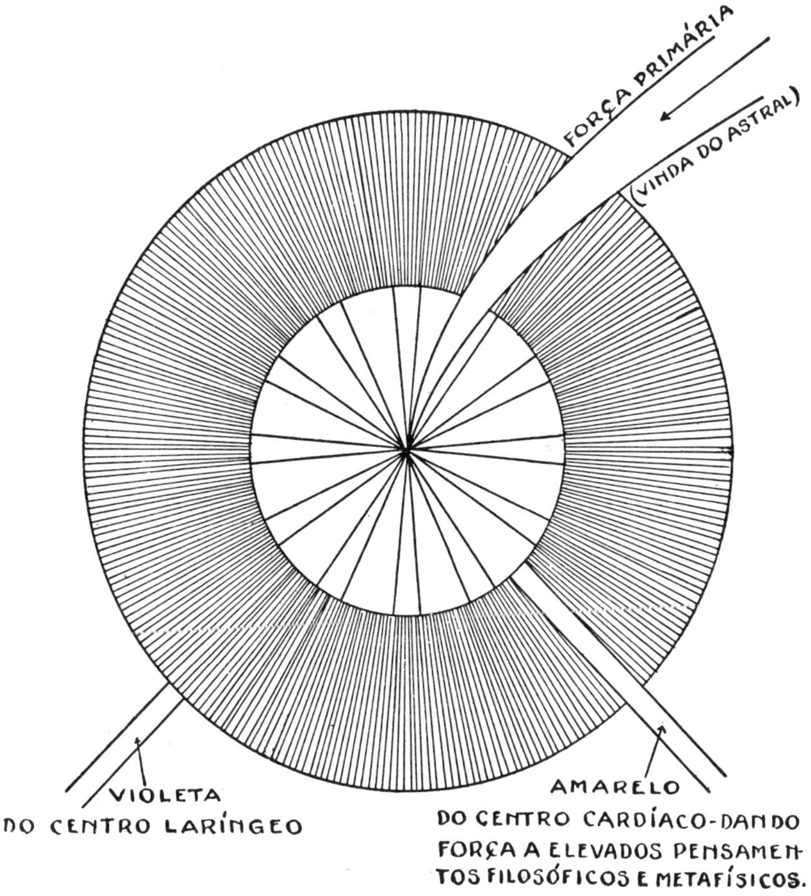

Aparência:

Parte central: branco deslumbrante, com reflexos dourados.

Parte exterior: A mais resplandescente de todas, com todas as espécies de coloridos indescritíveis.

Função do Centro astral: Completa e aperfeiçôa as faculdades.

Função do Centro etérico: Dá continuidade à consciência.

Número de raios: Doze, na parte central, e 960, na periférica.

CAPÍTULO XI

EXCREÇÕES

(Ver diagrama XXI)

Assim como o corpo físico denso absorve os seus alimentos do material recebido e elimina os detritos através dos cinco órgãos excretores, que são a pele, os pulmões, o fígado, os intestinos e os rins, assim também o corpo etérico assimila o material que lhe é suprido por meio de alimentação física e da absorção do glóbulo de vitalidade, e elimina seus detritos através dos vários canais.

O Diagrama XXI ilustra tais excreções, cujos resultados podem ser assim descritos:

Pela respiração e pelos poros são expulsas, ao mesmo tempo, as partículas branca-azuladas de que o prâna foi extraído, outras ainda carregadas de prâna róseo, mas supérfluas às necessidades do corpo, e também os átomos provenientes dos raios azuis empregados pelo centro da garganta.

Pelos órgãos excretores inferiores passam os átomos esvaziados provenientes do raio verde e do aparelho digestivo, e também, no caso do homem comum, átomos do raio vermelho-alaranjado.

DIAGRAMA XXI

EXCREÇÕES

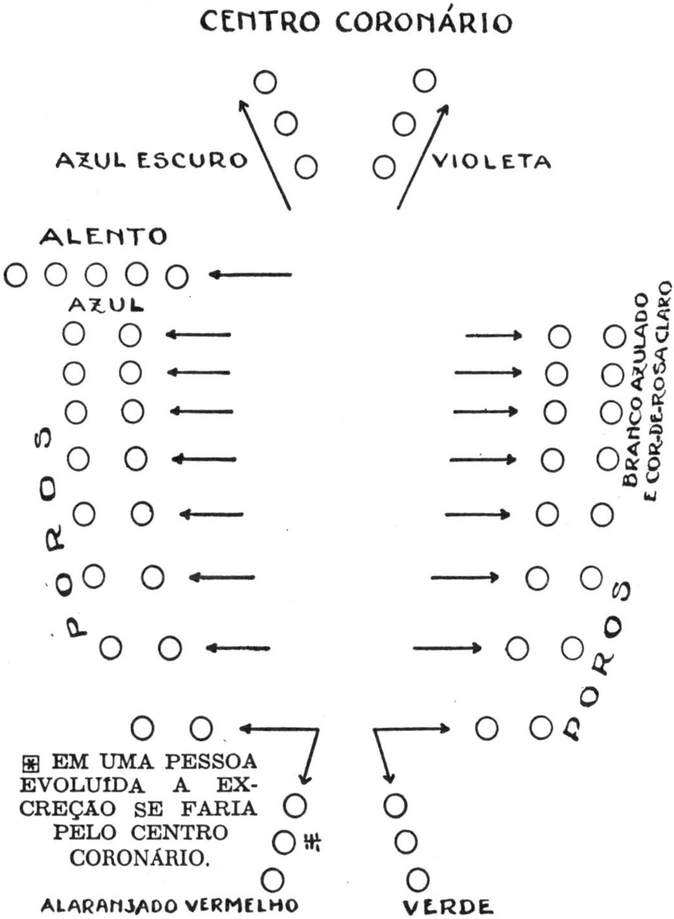

ÓRGÃOS EXCRETORES

N. B. – Algumas das partículas desprovidas de vitalidade, são empregadas na construção ou nutrição do corpo etérico.

Pelo alto da cabeça, escapam os átomos povenientes dos raios azuis carregados e violáceos.

Entretanto, numa pessoa desenvolvida, que conseguiu a deflexão completa de baixo para cima do raio vermelho-alaranjado, as partículas deste raio são expulsas pelo alto da cabeça. Estas formam uma cascata ígnea, muitas vezes representada por uma chama nas antigas estatuas de Buda e de outros santos.

Os átomos esvaziadas de seu prâna, tornam-se átomos iguais aos outros. Alguns deles são absorvidos pelo corpo e entram nas diversas combinações que se formam continuamente; outros, desnecessários, são expulsos por qualquer canal apropriado.

Acrescentemos que a própria matéria do duplo elétrico é também ininterruptamente expulsa do corpo pelos poros, tal qual a matéria gasosa. Por conseguinte, as pessoas que estão próximas de outras ficam expostas a absorver mutuamente suas emanações etéricas.

A matéria etérica é irradiada com mais vigor pelas extremidades dos dedos das mãos e dos pés; daí a enorme importância em manter essas regiões do corpo escrupulosamente limpas. A pessoa de unhas sujas, por exemplo, espalha continuamente, no mundo etérico, uma corrente de influência malsã.

As emanações físicas do corpo, consistindo sobretudo em sais finíssimos, apresentam-se ao clarividente sob formas inumeráveis e minúsculas, tais como dados, estrelas e duplas pirâmides.

O caráter destas partículas microscópicas pode ser afetado pela saúde precária, por uma vaga de emoção ou mesmo por um determinado curso de pensamentos.

A este respeito, declarou o professor Gates: 1.º, que as emanações materiais do corpo vivo diferem segundo o estado da mente e as condições da saúde física; 2.º, que estas emanações podem sofrer as reações químicas de certos sais de selênio; 3.º, que estas reações são caracterizadas por diferentes matizes ou cores, segundo a natureza das impressões mentais; 4.º, que já se conseguiu obter quarenta diferentes "produtos-emoção", como ele as denomina.

CAPÍTULO XII

SINOPSE DOS RESULTADOS

(Ver diagramas XXII, XXIII e a Tabela)

Para comodidade e fácil referência dos estudiosos, damos adiante, em forma tabelar, um sumário dos processos descritos nos capítulos II a XI.

As mesmas informações são fornecidas sob a forma de esquema, que dá a síntese gráfica desses processos, desde a emanação de prâna do Sol até a excreção, pelo corpo, das partículas das quais se extraiu o prâna.

Por fim, o Diagrama XXIII mostra um perfil do corpo humano com a posição aproximada dos centros etéricos, das correntes de vitalidade e outras informações úteis.

DIAGRAMA XXII

ESQUEMA DA DISTRIBUIÇÃO

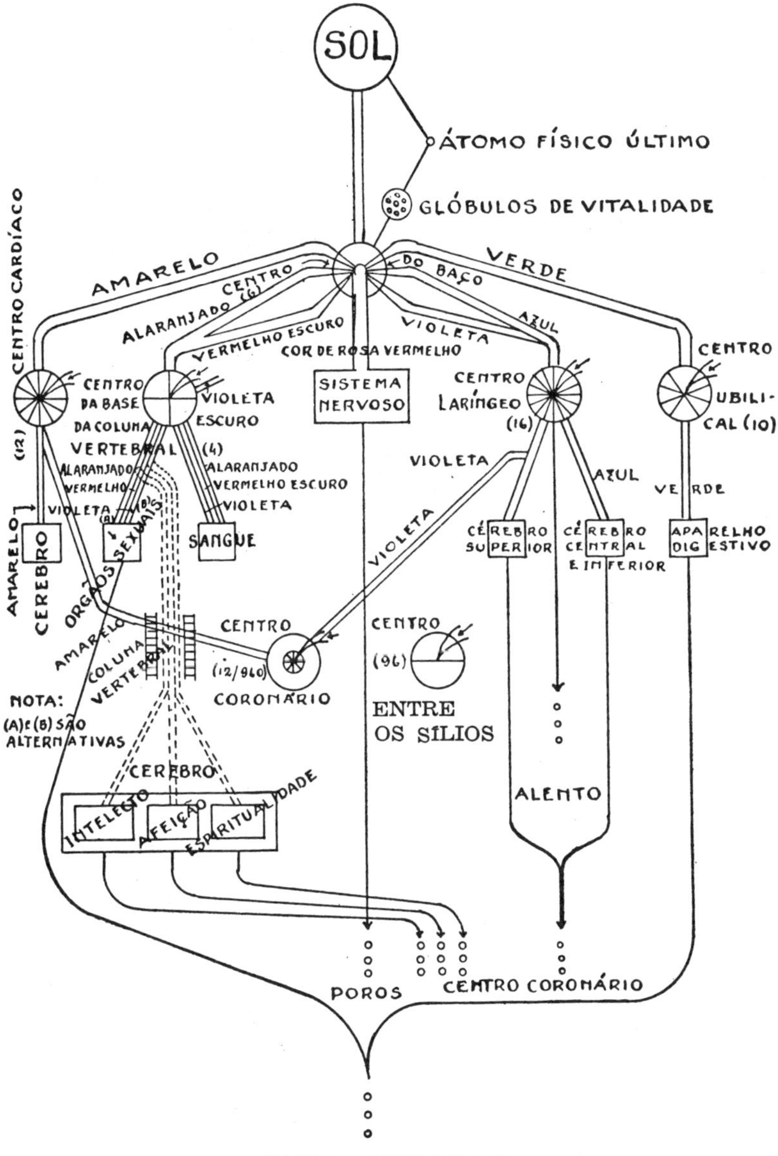

ÓRGÃOS EXCRETORES

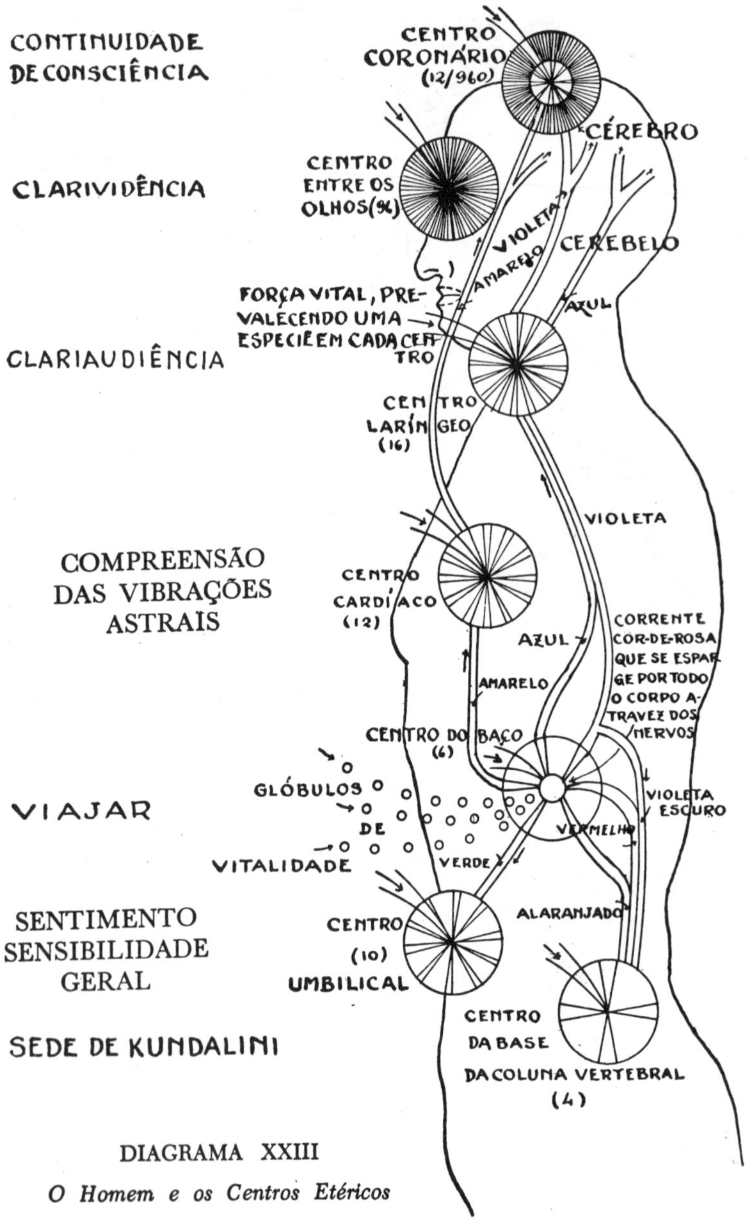

DIAGRAMA XXIII

O Homem e os Centros Etéricos

QUADRO SINÓTICO DOS RESULTADOS
DISCRIMINAÇÃO TABULAR DOS CENTROS, ETC.

N.º	SITUAÇÃO	N.º DE RAIOS	ASPETO	VITALIDADE RECEBIDA	VITALIDADE EMITADA
1	Base da espinha dorsal.	4	Alaranjado-vermelho-igneo.	Alaranjado e vermelho proveniente do centro esplênico, com algo de púrpura escura.	**
2	Umbigo.	10	Vários matizes de vermelho com muito de verde.	Verde, do chakra esplênico.	**
3	Baço.	6	Radiante como o sol.	**	1 - Azul-violeta, à garganta; 2 - amarelo, ao coração; 3 - verde, ao plexo solar; 4 - róseo, ao sistema nervoso; 5 - alaranjado vermelho, à base da espinha dorsal, com algo de púrpura escura.
4	Coração.	12	Ouro incandescente.	Amarelo, do chakra esplênico.	Amarelo, ao sangue, ao cérebro e ao meio do chakra coronário.
5	Garganta.	16	Prateado brilhante, com muito azul.	Violeta azul, do chakra esplênico.	Azul carregado, ao cérebro inferior e central. Violeta, ao cérebro superior e à parte exterior do centro coronário.
6	Entre os supercílios.	96	*Metade*: róseo com muito de amarelo e *Metade*: azul-purpura.	?	**
7	Alto da cabeça.	12 960	Centro: brilhante, branco e ouro. Parte externa: Cheia de efeitos cromáticas indescritiveis.	Amarelo, do centro cardíaco. Violeta, do centro laríngeo.	**

QUADRO SINÓTICO DOS RESULTADOS
DISCRIMINAÇÃO TABULAR DOS CENTROS, ETC.

N.º	REGIÃO VITALIZADA	FUNÇÃO DO CENTRO ASTRAL	FUNÇÃO DO CENTRO ETÉRICO
1	Orgãos sexuais, Sangue, para calor do corpo.	Sede de Kundalini. Kundalini vai a cada centro sucessivo e vivifica-o.	Sede de Kundalini. Kundalini vai a cada centro sucessivo e vivifica-o.
2	Plexo solar, figado, rins, intestinos e abdome em geral.	Sentimento: sensibilidade geral.	Sensibilidade a influências astrais.
3	**	Vitaliza o corpo astral. Poder de viajar conscientemente no mundo astral.	Vitaliza o corpo físico. Memória de viagens astrais.
4	Coração.	Compreensão das vibrações astrais.	Consciência dos sentimentos de outros.
5	**	Audição.	Audição astral e etérica.
6	**	Vista.	Clarividência. Amplificação.
7	***	Completa e aperfeiçoa as faculdades.	Continuidade de consciência.
8 9 10	NÃO EMPREGADOS NA "MAGIA BRANCA"		
1	*NAS PESSOAS EVOLUÍDAS* — O centro da base da espinha dorsal: O alaranjado vai ao cérebro através da espinha dorsal, torna-se amarelo e estimula o intelecto. O vermelho carregado vai ao cérebro através da espinha dorsal, torna-se róseo e estimula a afeição. O púrpuro escuro vai ao cérebro através da espinha dorsal, torna-se violeta pálido e estimula a espiritualidade.		

N.º	SITUAÇÃO	N.º DE RAIOS	APARÊNCIA	VITALIDADE RECEBIDA	VITALIDADE EMITIDA	REGIÃO VITALIZADA	FUNÇÃO DO CENTRO ASTRAL	FUNÇÃO DO CENTRO ETÉRICO
8 9 10	Não se utilizam na "Magia Branca".							
	NAS PESSOAS EVOLUÍDAS							
1	Base da espinha dorsal.	4	Alaranjado-vermelho-ígneo.	Alaranjado e vermelho proveniente do centro esplênico, com algo de púrpura escura.	**	**	**	**

CAPÍTULO XIII

KUNDALINI

Como já vimos, *Kundalini* ou o Fogo Serpentino é uma das forças emanantes do Sol, inteiramente independente e distinta de Fohat e de prâna, e que, no estado atual dos nossos conhecimentos, acreditamos incapaz de ser convertido em qualquer dessas duas energias.

Kundalini recebeu nomes diversos: o Fogo Serpentino, o Poder Igneo, a Mãe do Mundo.

Aparece ao clarividente, literalmente, como uma torrente de fogo líquido, percorrendo o corpo. Seu trajeto normal é uma espiral, semelhante às curvas de uma serpente; "Mãe do Mundo" é nome bastante apropriado, porque é por ela que podem ser vivificados nossos diversos veículos.

Pode-se ver um antigo símbolo da coluna vertebral e de *Kundalini*, no tirso, bastão com uma ponta cuniforme na extremidade. Na Índia encontramos o mesmo símbolo: o bastão é aí substituido por um bambú, com sete nós, que naturalmente representam os sete *chakras* ou centros de força.

Em certos mistérios, em lugar do tirso se empregava um tubo de ferro que se supunha conter fogo.

A insígnia dos barbeiros, símbolo certamente muito antigo, com suas faixas em espiral e a protuberância terminal, tem a mesma significação, segundo dizem, pois o barbeiro moderno é o sucessor dos antigos cirurgiões, que praticavam também a alquimia, ciência outrora mais espiritual do que material.

Kundalini existe em todos os planos que conhecemos e parece apresentar igualmente sete camadas ou graus de potência.

O corpo astral era, na origem, uma espécie de massa quase inerte, sem a mais vaga consciência, sem nenhuma capacidade definida de ação e sem conhecimento preciso do mundo ambiente. Sobreveio depois o despertar de *Kundalini* no plano astral, no *chakra* correspondente as da base da espinha dorsal. Esta força se encaminhou então para o segundo centro, o umbigo e o vitalizou, acordando, assim, no corpo astral, a faculdade de sentir, de ser impressionado por todas as espécies de influências, porém sem lhe dar ainda a compreensão precisa.

Kundalini passa daí ao terceiro centro (esplênico), ao quarto (cardíaco), ao quinto (garganta), ao sexto (entre os supercílios) e ao sétimo (no alto da cabeça), despertando em cada um as diferentes faculdades descritas nos capítulos precedentes.

O mecanismo que nos dá a consciência do que se passa no astral é interessante e merece ser bem compreendido pelos estudantes. No corpo físico, possuimos órgãos especiais, localizados, cada um, em região fixa e particular: órgãos da vista, do ouvido, etc. Mas no corpo astral reina uma disposição completamente diferente, pois não há aí necessidade de órgãos especializados para conseguir os resultados desejados.

A matéria do corpo astral está em constante movimento; as partículas deslisam e turbilhonam como as da água fervendo, e passam todas, sucessivamente, pelos centros de força. Por conseguinte, cada um destes centros confere, às partículas do corpo astral, a faculdade de responder a determinada categoria de vibrações, correspondentes ao que no mundo físico chamamos vibrações da luz, do som, do calor, etc.

Quando, pois, os centros astrais são vivificados e se põem a funcionar, conferem as diversas faculdades à matéria toda do corpo astral, de tal forma que este se torna capaz de exercer seus atributos em qualquer região. É por isto que o homem, atuando em seu corpo astral, pode ver tanto os objetos colocados à sua frente, como atrás, em cima e embaixo, sem precisar voltar a cabeça. Não se pode, pois, definar os *chakras* ou centros como órgãos sensorios, no sentido vulgar do termo, embora proporcionem ao corpo astral faculdades sensoriais.

Entretanto, mesmo quando estes centros astrais estão plenamente despertos, não resulta, de maneira alguma, que o homem possa transmitir ao corpo físico a menor consciência da ação dos mesmos.

Na realidade, em sua consciência física ele pode muito bem ignorar por completo essa ação.

O único modo de transmitir ao cérebro físico a consciência das experiências astrais se dá pelo prévio despertar e ativamento dos centros etéricos correspondentes.

O método de despertá-los é exatamente o mesmo adotado no corpo astral, isto é, pelo despertar de *Kundalini,* que dorme na matéria etérica, no *chakra* situado próximo da base da espinha dorsal.

O despertar de *Kundalini* resulta do ativamento do centro na base da espinha, mediante um esforço prolongado e persistente da vontade. Desperto *Kundalini,* sua força tremenda vivifica sucessivamente os demais centros.

O efeito produzido sobre estes centros é o de conferir à conciência física as faculdades despertas pelo desenvolvimento dos centros astrais correspondentes.

Mas, para obter estes resultados, é necessário que o fogo serpentino passe de *chakra* em *chakra,* em certa ordem e maneira variáveis segundo os tipos humanos.

Os ocultistas, que conhecem os fatos por experiência própria, são extremamente cuidadosos em não dar a indicação quanto à ordem em que o fogo serpentino deve passar através dos *chakras.*

A razão disto é que há muitos e sérios perigos, cuja gravidade não deve ser ocultada, para aqueles que despertam *Kundalini,* acidental ou prematuramente. Fazem-se as mais solenes advertências a quem cogite em fazer qualquer tentativa deste gênero, antes do momento azado ou sem a direção de um Mestre ou um ocultista experimentado.

Antes do despertar de *Kundalini,* é absolutamente essencial que o homem tenha atingido certo grau de pureza moral e também sua vontade seja suficientemente forte para dominar esta força. Alguns dos perigos relacionados com o fogo serpentino são puramente físicos. Seu movimento descontrolado produz frequentemente intensas dores físicas e pode até facilmente romper tecidos e destruir a vida física. Pode igualmente prejudicar os veículos superiores ao físico.

Um dos efeitos muito frequentes de seu despertar prematuro, é dirigir-se ele para as regiões inferiores, em lugar de se elevar para as partes superiors do corpo; excita, desta forma, paixões menos desejáveis, estimula-as e intensifica-as a tal ponto que o homem não lhes pode resistir. Nas garras dessa força, ele é tão impotente, quanto o nadador nas mandíbulas de um tubarão.

Esses homens se tornam sátiros, monstros de depravação, porque estão a mercê de uma força de todo desproporcional à capacidade da resistência humana. É provável que alcancem certos poderes supranormais, mas estes só servirão para pô-los em contato com seres subumanos, com os quais não deve a humanidade manter intercâmbio. E para safar-se desta sujeição, poderá ser necessário mais de uma encarnação.

Há uma escola de magia negra que, com este propósito, se utiliza de *Kundalini,* porém os adeptos da Boa Lei, ou Magia Branca, jamais fazem uso dos centros de força inferiores empregados por esta escola.

Além disto, o desenvolvimento prematuro de *Kundalini* intensifica tudo na natureza humana e afeta mais prontamente as qualidades más do que as boas. No corpo mental, por exemplo, desperta facilmente a ambição e esta logo cresce excessivamente; e o grande aumento da inteligência é acompanhado de orgulho anormal e satânico.

Kundalini não é uma força comum, mas algo de irresistível. O ignorante que, por infelicidade, a despertar, deve imediatamente consultar uma pessoa competente. Segundo os dizeres do *Hathayogapradipika,* "Ela conduz os iogues à libertação e os tolos à escravidão".

Algumas vezes o fogo serpentino se desperta espontaneamente; sente-se então um calor morno, e em casos raros, pode começar a mavimentar-se por si.

Neste último caso, apareceriam provavelmente dores intensas, pois os canais não estão preparados para a passagem do fogo serpentino, e este tem que abrir caminho queimando grande massa de detritos etéricos, processo este necessariamente doloroso.

Em tais casos, a força fluirá usualmente de baixo para cima, pelo interior da coluna vertebral, em lugar de seguir o curso em espiral, que o ocultista aprende a fazê-lo seguir. É preciso, se possível, deter, por um esforço de vontade, esta marcha ascendente; porém se não se conseguir isto, o que é provável, a corrente sairá sem dúvida pela cabeça e se perderá na atmosfera, sem qualquer outro dano senão um enfraquecimento. Talvez possa também causar perda momentânea da consciência. Entretanto, os perigos realmente graves provêm, não do fluxo ascendente, mas do descendente.

Como já expusemos brevemente, a principal função de *Kundalini* no desenvolvimento oculto é percorrer e vivificar os *chakras* etéricos, afim de comunicar à consciência física experiências astrais. Assim "A Voz do Silêncio" ensina que semelhante vitalização do centro colocado entre os supercílios permite ouvir a voz do Mestre, isto é, do EGO ou EU superior. A razão disto é que o corpo pituitário (ou hipófise), em plena atividade, constitui uma ligação perfeita entre as consciências astral e física.

Em cada encarnação é preciso renovar o domínio de *Kundalini,* pois em cada vida os veículos são novos, porém quem já o conseguiu completamente uma vez, a repetição lhe será mais fácil.

A formação do elo entre a consciência física e a do EGO tem também suas correspondências nos níveis superiores. No EGO corresponde à sua ligação com a consciência da Mônada, e na Mônada, com a consciência do Logos.

A idade não parece afetar o desenvolvimento dos chakras por meio de *Kundalini,* mas a saúde é uma necessidade, pois só um corpo vigoroso pode suportar a tensão.

CAPÍTULO XIV

A TELA ATÔMICA

(Ver diagrama XXIV)

Como já vimos, a relação entre os *chakras* do corpo astral e os do duplo etérico é muito estreita. Entre estas duas séries de *chakras* e interpenetrando-os de maneira difícil de descrever, existe uma tela ou filtro de textura muito cerrada, formada de uma só camada de átomos físicos muito comprimidos e permeados de uma variedade especial de prâna.

O prâna que passa normalmente do astral ao físico, é tal que pode, com toda a facilidade, atravessar o filtro atômico, porém este opõe uma barreira absoluta a qualquer outra força incapaz de empregar a matéria atômica dos dois planos.

O filtro é assim uma proteção, proporcionada pela natureza, a fim de impedir a abertura prematura da comunicação entre os planos astral e físico.

Sem esta sábia previsão, todas as espécies de experiências astrais invadiriam a consciência física, o que para a maioria dos homens só seria prejudicial.

A qualquer momento uma entidade astral poderia introduzir forças que o indivíduo comum não esta-

DIAGRAMA XXIV

A TELA ATÔMICA

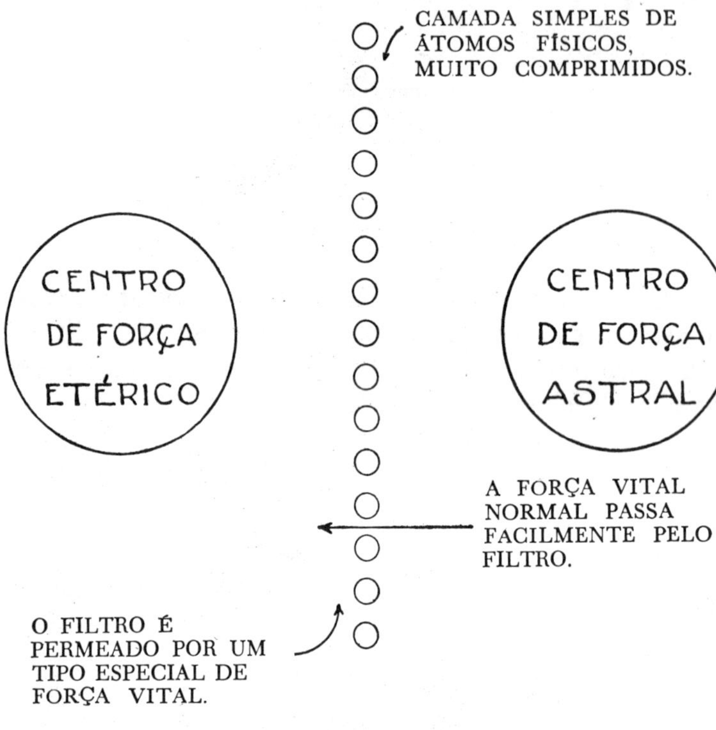

Função do filtro: Impedir que influências astrais entrem prematuramente na conciência física.

O que pode lesar o filtro:

1 – Choques físicos ou emocionais, medo, ira.

2 – Álcool.

3 – Narcóticos, por exemplo: o fumo.

4 – Prestar-se a práticas psíquicas.

ria preparado para enfrentar, ou que excedessem à sua capacidade de controle. Tal indivíduo estaria sujeito à obsessão por qualquer entidade astral que desejase apossar-se de seu veículo.

O filtro atômico é uma defesa eficaz contra estas possibilidades indesejáveis. Nas condições normais, serve também para impedir que chegue a consciência do cérebro físico a lembrança de nossas atividade durante o sono.

Explica também a momentânea perda de consciência no momento da morte.

Pode acontecer que, em sua volta, o corpo astral consiga provocar uma momentânea impressão no duplo etérico e no corpo físico denso, de tal maneira que este, ao acordar, tenha uma lembrança clara, embora breve. Em geral a lembrança se apaga rapidamente; quanto mais o homem se esforçar em retê-la, menos o conseguirá, pois cada esforço produz no cérebro físico vibrações que tendem a amortecer as subtis vibrações astrais.

É, pois, evidente que qualquer lesão no filtro protetor é um grave desastre. Pode produzir-se de diferentes maneiras.

Toda emoção violenta, ou de caráter maléfico, que provoque no corpo astral uma espécie de explosão, pode produzir uma lesão que rompa esta delicada membrana, e então, como diremos, enlouquecer o indivíduo afetado. Um susto enorme, um acesso de cólera, pode produzir efeito semelhante.

As "sessões de desenvolvimento", como as chamam os espíritas, podem igualmente romper a membrana e abrir as portas que a natureza pretendia manter fechadas.

Certas drogas ou bebidas, particularmente o álcool, todos os narcóticos, incluindo o tabaco, contêm matéria que, ao desagregar-se, votaliza-se e, então, uma parte passa do plano físico para o astral. Aos estudiosos da dietética, e sobretudo dos efeitos das toxinas, lhes interessará saber que o chá e o café encerram também esse gênero de substância, porém em quantidade tão fraca que seria preciso seu abuso prolongado para que o efeito se manifestasse.

Quando este se produz, os elementos em questão se precipitam através dos *chakras* em direção contrária à que deveriam tomar; à força de seguir este caminho, rompem e, finalmente, destroem a delicada tela.

Esta destruição ou deterioração pode-se dar de duas maneiras diferentes, segundo o tipo da pessoa e a proporção dos elementos que constituem seu corpo etérico e astral. No primeiro tipo, o afluxo da matéria que se votaliza queima literalmente a tela e suprime, assim, a barreira natural.

No segundo tipo, estes elementos voláteis endurecem o átomo, dificultando e paralizando suas pulsações, a ponto de não poder ele mais canalizar o tipo especial de prâna, que o cola à tela. Esta então se ossifica, por assim dizer. Conseqüência: a transmissão de um plano a outro, que era abundante, torna-se absolutamente insuficiente.

Facilmente se reconhecem estes dois tipos de lesão. No primeiro, produzem-se os casos de *delirium-tremens,* de obsessão, de certas formas de alienação mental. No segundo, muito mais freqüente, verifica-se uma espécie de embotamento geral das qualidades e sentimentos superiores, que leva ao materialismo, à brutalidade, à animalidade e à perda do domínio de si mesmo. É sabido que as pessoas que fazem uso excessivo de narcóticos, como o fumo, persistem muitas vezes nesse hábito, embora saibam muito bem que seus vizinhos estão sendo molestados, a tal ponto fica embotada a sensibilidade dos fumantes!

Como a consciência do homem comum não pode empregar normalmente a matéria atômica pura, tanto física como astral, não há possibilidade de comunicação consciente entre os dois planos. No entanto, à medida que ele purifica os seus veículos, capacita-se para atuar na matéria atômica e então estará apto para transportar sua consciência diretamente de um nível atômico a outro. Neste caso, a tela atômica se mantém em sua posição e atividade, permitindo que a consciência passe de um plano a outro, e ao mesmo tempo preenchendo sua finalidade de impedir contactos íntimos com os subplanos inferiores, donde podem advir muitas influências indesejáveis.

Para os verdadeiros estudantes de ocultismo, não há, pois, senão um método: não forçar em nada o desenvolvimento das faculdades psíquicas, porém esperar o momento delas se manifestarem com toda naturalidade, no decurso da evolução normal. Assim colherão todos os benefícios e evitarão todos os perigos.

CAPÍTULO XV

O NASCIMENTO

Poderemos agora abordar proveitosamente o estudo do duplo etérico, em relação com o nascimento e a morte do corpo físico.

Quem tenha estudado o mecanismo da reencarnação, sabe que, no caso do corpo etérico, intervém um fator que não atua no caso dos corpos astral e mental. O duplo etérico destinado ao Ego reencarnante é antecipadamente construido por um elemental, que é a forma-pensamento conjunta dos Quatro Devarajas, cada um dos quais governa um dos quatro subplanos etéricos da matéria física. A principal tarefa deste elemental construtor é preparar o molde etérico no qual se formarão as partículas físicas do novo corpo a nascer.

A forma e a cor deste elemental variam nas diferentes fases. Na primeira, ele exprime a forma e a dimensão do corpo que deve construir. Ao ver esta espécie de pequeno boneco no princípio, ao redor e depois no interior do corpo da mãe, os clarividentes tomaram-no, algumas vezes, erradamente, pela alma da criança; na realidade é o molde de seu futuro corpo físico.

Quando o feto encheu completamente o molde e está pronto para nascer, começa o desenvolvimento da forma na nova fase, apresentando as dimensões, o tipo e as condições do corpo, tal como será no momento em que o elemental o deixará, depois de terminada a sua tarefa. Após a partida do elemental, todo o crescimento ulterior do corpo estará a cargo do próprio EGO.

Em ambos os casos o próprio elemental serve de molde. Suas cores representam, em grande parte, as qualidades requeridas no corpo a construir, e sua própria forma é também, em geral, a destinada ao corpo. Ao terminar o seu trabalho, cessa a energia que mantinha a coesão de suas moléculas, e o elemental desagrega-se.

Para determinar a qualidade de matéria etérica que entrará na constituição do corpo etérico, dois pontos devem ser considerados: primeiro, o tipo de matéria, encarado sob o ponto de vista dos Sete Raios ou divisões *verticais*, a seguir, a qualidade de matéria, encarada sob o ponto de vista de delicadeza ou grosseria, divisões *horizontais*. O primeiro tipo, o do raio, é determinado pelo átomo físico permanente, no qual estão impressos o tipo e o sub-tipo. O segundo é determinado pelo karma passado do indivíduo; o elemental construtor está encarregado de produzir um corpo adequado aos requisitos da pessoa. Em suma, o elemental representa a porção de karma (prârabda) individual que deve ser expresso no corpo físico. Da seleção operada pelo elemental construtor dependem, por exemplo, a intligência natural ou a estupidez, a calma ou a irritabilidade, a energia ou a indolência, a sensibilidade ou a inércia do corpo. As potencialidades hereditárias estão latentes no óvulo materno e no espermatozóide paterno; o elemental estrai deles os elementos necessários ao caso.

Embora o elemental esteja, desde o início, encarregado do corpo a construir, o EGO não entra em relação com sua futura habitação senão mais tarde, pouco antes de seu nascimento físico. Se as características a impor pelo elemental são poucas, ele pode retirar-se logo, e deixar o corpo a cargo do Ego. Pelo contrário, se for preciso muito tempo para desenvolver as limitações exigidas, o elemental pode permanecer com o encargo do corpo até o sétimo ano.

A matéria etérica para o corpo da criança é estraida do corpo materno; daí a importância de a mãe só assimilar elementos muito puros.

A não ser que o elemental esteja encarregado de obter um resultado especial nas feições, como a beleza excepcional ou o contrário, o principal trabalho neste sentido serão os pensamentos da mãe e as formas-pensamentos que flutuam ao redor dela.

O novo corpo astral é posto em relação com o duplo etérico logo na primeira fase, e exerce grande influência sobre sua formação; por intermédio dele também o corpo mental age sobre o sistema nervoso.

CAPÍTULO XVI

A MORTE

Como já temos assinalado, o duplo etérico pode, em certas condições, ser separado do corpo físico denso, continuando, no entanto, preso a ele por um fio ou cordão de matéria etérica.

No momento da morte, o duplo retira-se definitivamente do corpo denso. Às vezes se torna visível como uma névoa violácea; esta, ao condensar-se, reproduz exatamente a aparência do moribundo, ligada ao corpo denso por um fio brilhante. No instante da morte, este fio ou cordão magnético se rompe.

Quando sobrevém a morte, a tela vital búdica, acompanhada do prâna, desprende-se da matéria física densa e recolhe-se no coração, ao redor do átomo permanente.

Átomo, tela búdica e prâna, elevando-se pelo Sushumna-nadi secundário, atingem o terceiro ventrículo cerebral, depois o ponto de junção das suturas parietal e ocipital, e finalmente abandonam o corpo.

A tela vital búdica continua a envolver o átomo permanente físico, no corpo causal, enquanto aguarda o dia em que será formado novo corpo físico.

A retirada do duplo etérico, acompanhado, sem dúvida, do prâna, destrói a unidade integral do corpo físico: desde então este não representa mais do que u'a massa de células independentes. A vida destas últimas não sofre interrupção alguma, e a prova disto é dada pelo fato muito conhecido de que às vezes os pelos de um cadáver continuam a crescer.

Já que, com a retirada do duplo etérico, o prâna cessa de circular, as vidas inferiores, isto é, as células, emancipam-se e começam a desagregar o corpo, até então bem organizado.

No momento da morte, o corpo está, pois, mais vivo do que jamais o fora; vivo em suas unidades, porém morto como organismo. No dizer de Elifas Levi: — "Tranformação atesta movimento, e todo movimento revela vida. O cadáver não se decomporia se estivesse morto; todas as moléculas que o compõem estão vivas e lutam por sua separação". *(Ísis sem véu, II.)*

Quando o duplo abandona o corpo denso definitivamente, não se afasta, mas permanece, em geral, flutuando sobre ele. Constitui então o que se chama o espectro, e aparece às vezes às pessoas que o enxergam como uma figura nublada, fracamente consciente e muda. A não ser que seja perturbada por um desespero ruidoso ou por emoções violentas, o estado de consciência é calmo e sonolento.

Durante a retirada do duplo, e também depois, toda a vida passada do homem passa rapidamente em revista ante a Ego, revelando cada rincão esquecido de memória, todos os segredos, quadro após quadro, acontecimento após acontecimento. Em alguns segundos, o EGO revê toda sua existência, verifica os êxitos e fracassos, amores ódios; nota a tendência predominante no conjunto, e afirma o pensamento diretor de sua vida, determinando a região em que passará a maior parte de sua existência póstuma. Como diz o *Kaushitakopanishad,* na ocasião da morte, prâna *recolhe tudo,* e retirando-se do corpo, entrega-o ao Conhecedor, que é o receptáculo de tudo.

Neste estágio, sucede geralmente uma curta fase de tranquila inconsciência, devida à separação da matéria etérica e de sua mistura com o corpo astral, o que impede o homem de funcionar tanto no mundo físico como no astral. Certas pessoas se libertam da envoltura etérica em alguns instantes; outras repousam nele durante horas, dias e até semanas; mas o comum é levar apenas algumas horas.

Com o perpassar dos dias, os princípios superiores desprendem-se pouco a pouco do duplo, e este, por sua vez, torna-se um cadáver etérico que fica nas proximidades do corpo denso, e ambos se decompõem ao mesmo tempo.

Estes espectros etéricos vêem-se freqüentemente nos cemitérios, ora como nevoeiros, ora como clarões, violáceos ou branco-azulados, e apresentam freqüentemente aspecto desagradável, devido ao estado mais ou menos adiantado de sua decomposição.

Uma das grandes vantagens da incineração é a de, pela destruição do corpo físico, tirar ao corpo etérico seu centro de atração, facilitando sua rápida decomposição.

Se um homem for bastante insensato para agarrar-se à vida física e mesmo ao seu próprio cadáver, a conservação deste pela inumação ou embalsamento constitui, para ele, grande tentação e facilita enormemente suas deploráveis intenções.

A cremação impede totalmente qualquer tentativa de reunir os princípios de modo parcial, anormal e temporário. Além disto, certas formas repugnantes de magia negra, felizmente raras, pelo menos no Ocidente, utilizam-se do corpo físico em via de decomposição. Tudo isto é impossibilitado pela prática higiênica da cremação. É também absolutamente impossível que o defunto sinta a ação do fogo em seu corpo abandonado, pois, se a morte é bem efetiva, as matérias astral e etérica foram completamente separadas do corpo físico denso.

É de todo impossível a um desencarnado regressar inteiramente ao seu corpo morto. Todavia, pode ocorrer que alguém que nada conheça além da vida puramente física e esteja desatinado pelo temor de ficar completamente separado dela, seja capaz, em seus desesperados esforços, de se manter em contacto com o mundo físico, reter em si a matéria etérica do corpo descartado e envolver-se na mesma. Isto pode ser causa de intenso sofrimento, totalmente desnecessário e facilmente evitável pela prática da cremação.

Nos desencarnados que se agarram desesparadamente à existência física, o corpo astral não pode ficar inteiramente separado do corpo etérico, e por isso, ao despertar, estão ainda envolvidos de matéria etérica. Seu estado é então penoso, pois estão excluídos do mundo astral devido ao envoltório etérico e, ao mesmo tempo, devido à perda dos órgãos sensoriais físicos, estão impedidos de gozar plenamente a existência terrestre. Por conseguinte, erram solitários, mudos e aterrorizados, numa bruma espessa e lúgubre, sem relações possíveis com nenhum dos dois mundos.

Com o tempo, apesar de seus esforços, gasta-se a casca etérica, mas, em geral, não antes de haverem sofrido horrorosamente.

Há pessoas caridosas, entre os mortos e outros, que procuram ajudar esses infelizes, mas raramente o conseguem.

O desencarnado que estiver nessas condições, poderá tentar pôr-se em relação com o mundo físico, por intermédio de um médium, embora, geralmente, os guias espirituais deste se oponham com todas as suas forças, pois sabem que o médium se expõe à obsessão ou loucura.

Às vezes, uma médium inconsciente, geralmente moça sensitiva, pode encontrar-se "tomada", porém a tentativa só é bem sucedida quando o EGO da jóvem perdeu o seu dominio sobre os veículos, por ter ela se deixado arrastar por pensamentos ou paixões indesejáveis.

Outras vezes também, a alma humana, errando por esse triste mundo, pode chegar a obsedar parcialmente um animal, escolhido entre os menos desenvolvidos, como o gado, porcos, carneiros — embora gatos, cães ou macacos também possam ser utilizados.

Parece que este fato, nos tempos modernos, isto é, na Quinta Raça (a ariana), substitui a horrorosa existência dos vampiros, verificada entre as populações da Quarta Raça (a atlante).

A associação com um animal permite ao defunto libertar-se somente pouco a pouco e mediante consideráveis esforços, efetuados provavelmente durante muitos dias.

A libertação só se dá, em geral, com a morte do animal, e ainda, então, falta ao indivíduo separar-se do corpo astral.

CAPÍTULO XVII

AS CURAS

Como já dissemos, um homem de saúde robusta emite, sem cessar, emanações vitais suscetíveis de ser absorvidas por outras pessoas, cujo vigor aumentará; essas emanações podem ainda curar pequenos incômodos ou, pelo menos, favorecer a cura.

Mas, como as correntes prânicas podem ser submetidas à vontade, é possível à pessoa dirigir conscientemente os fluxos de vitalidade que nela têm sua fonte e também aumentar a sua intensidade. Dirigindo-os a um paciente enfraquecido, porque seus rins não funcionam normalmente, há a probabilidade de auxiliar eficazmente o seu restabelecimento. A vitalidade adicional, transmitida pelo curador, mantém em função o mecanismo físico do paciente, até que este fique bem restabelecido, para especializar o prâna do qual tem necessidade.

A cura de pessoas débeis por outras vigorosas pode, portanto, ser, em certos casos, determinada pela simples aproximação física; o fenômeno pode ser ou inteiramente automático e inconsciente, ou favorecido e acelerado de um modo quase ilimitado, por um esforço consciente. Muitas vezes se pode causar muito benefício, apenas derramando no paciente copiosas correntes de vitalidade, que vão inundar o seu organismo. O operador pode ainda dirigí-las a determinada região, que se ache em más condições. O simples aumento da circulação prânica basta para curar muitas afeções pouco graves. As moléstias nervosas denotam sempre um desequilíbrio do duplo etérico; as perturbações digestivas e a insônia não têm outra origem. As dores de cabeça não habitualmente causadas por um estado congestivo, seja do sangue, seja do fluido vital, chamado, às vezes, magnestismo. Uma corrente abundante projetada pelo curador à cabeça do paciente, suprime a enxaqueca, levando consigo a matéria congestionada.

Estes métodos são relativamente simples e de fácil aplicação, embora um curador hábil, principalmente se for clarividente, possa aumentar grandemente a sua eficácia. Um aperfeiçoamente deste gênero, exigindo certos conhecimentos de anatomia e fisiologia, consiste em formar um quadro mental do órgão enfermo e depois imaginá-lo em seu estado são e normal. O pensamento enérgico modela a matéria etérica, dando-lhe a forma desejada, a qual auxiliará a natureza na construção de novos tecidos, muito mais rapidamente do que de outro modo.

Um método ainda mais eficaz consiste em criar o órgão na matéria mental e depois incorporá-lo na matéria astral, e em seguida densificá-la por meio da matéria etérica. Finalmente, deve encher-se o molde de elementos gasosos, líquidos e sólidos, utilizando-se os materiais disponíveis no corpo e tomando do exterior o que faltar.

Eis um modo prático e eficaz de empreender uma cura pelo magnetismo: ao paciente, colocado em posição confortável, sentado ou deitado, recomenda-se-lhe banir tanto quanto possível toda tensão muscular. Será melhor, ainda, que se instale numa poltrona de braços sólidos e lisos; o operador senta-se de lado, sobre um dos braços da poltrona, ficando um pouco mais alto do que o paciente. Com as mãos começa, então, a efetuar passes sobre o corpo do doente, ou sobre a região afetada, e faz um esforço de vontade para retirar do corpo a matéria etérica congestionada ou enferma.

Estes passes podem ser executados sem tocar o indivíduo, embora haja vantagem em repousar a palma da mão, suave e levemente, sobre a epiderme. Após cada passe, o operador deve tomar a precaução de expelir para longe a matéria etérica assim retirada, sem o que poderia conservá-la consigo e logo sofreria pessoalmente os males de que libertou o paciente, fato este que já se tem verificado muitas vezes.

Exemplificando: o operador, após suprimir a dor de um dente ou de um membro do paciente, não demora a sentir dor idêntica, no dente ou no membro correspondente.

Em certos casos, se em tratamentos sucessivos, o operador negligência em expelir a matéria etérica retirada, pode cair seriamente doente e mesmo expôr-se a sofrimentos crônicos.

A. P. Sinnett cita um caso interessante. Uma senhora, após ter sido curada de reumatismo crônico, estabeleceu-se numa região da Europa, distante donde residia o magnetizador, que morreu quatro anos mais tarde. Imediatamente a enfermidade voltou a manifestar-se com a mesma virulência na antiga paciente.

Parece que o magnetismo mórbido retirado do corpo da doente pelo operador, não fora destruído, tendo permanecido durante anos na proximidade da aura do mesmo, e após a morte deste voltou ao seu antigo centro.

Basta, em geral, sacudir vivamente as mãos para o solo, afastando-as de si. O magnetismo pode ainda ser abandonado numa bacia cheia de água, tendo-se, naturalmente, o cuidado de esvaziar, logo a seguir, o seu conteúdo.

Será recomendável, após esta primeira parte do tratamento, lavar as mãos antes de passar à seguinte, que é a parte positiva.

Diz-se que é possível dirigir o magnestimo malsão para certas categorias de elementais que o utilizarão. A parábola bíblica do rebanho de porcos seria uma descrição alegórica disto.

De certo, será melhor, segundo pensamos, proceder assim, a deixar o magnetismo doentio perto da aura de quem efetuar a cura ou de outras pessoas que se encontrem nas proximidades.

Uma variante de tratamento, que é particularmente útil nos casos de congestão local, consiste em colocar as mãos em cada lado da região enferma e fazer passar, da mão direita para a esquerda, uma corrente de magnetismo purificador, que expulsa a matéria congestionada.

Após esta preparação, a pessoa que vai efetuar a cura, procura derramar o seu fluido magnético e o seu prâna pessoal sobre o paciente.

Isto pode ser feito, como precedentemente, por meio de longos passes, sobre todo o corpo do enfermo, ou passes curtos sobre a zona atingida. Pode-se ainda empregar as duas mãos, fazendo passar a corrente da mão direita para a esquerda, atravessando a parte do corpo que precise de tratamento.

O estudante compreenderá, sem dificuldade, quanto é desejável que goze boa saúde a pessoa que deva efetuar a cura; sem isto, arrisca-se a transmitir ao paciente parte de seu magnetismo malsão.

È preciso notar que, nas curas magnéticas, as roupas, sobretudo os tecidos de seda, constituem obstáculo à corrente; o paciente deve, pois, segundo o permitirem as circunstâncias, estar vestido o menos possível.

Certas formas de alienação mental são devidas à má constituição do cérebro etérico, cujas moléculas não correspondem às físicas densas, ficando impossibilitadas de transmitir as vibrações dos veículos superiores. É de supor que tais casos sejam passíveis de cura magnética.

Há, sem dúvida, outras maneiras de agir sobre o corpo etérico, pois os corpos mental, astral e físico estão tão estreitamente associados que um deles pode certamente afetar os outros.

De modo geral, pode-se dizer que tudo o que favorece a saúde física, reage favoravelmente sobre os veículos superiores. Músculos não exercitados, por exemplo, tendem não só a degenerar, como ainda a produzir congestão do magnestismo; isto produz no duplo etétrico um ponto fraco, que pode dar passagem a germes perniciosos, como os de uma infecção.

Igualmente, a má saúde mental ou astral quase sempre, mais cedo ou mais tarde, se traduz em doença física. A pessoa predisposta a "agitar-se" astralmente, isto é, a desperdiçar sua energia em emoções, preocupações e confusões por motivos insignificantes, arrisca-se a perturbar o corpo astral de outras pessoas sensíveis. Além disso, freqüentemente esta contínua agitação astral reage sobre o corpo físico, por intermédio do corpo etérico e dá origem a diversas moléstias nervosas.

Todas as afeções específicas dos nervos, por exemplo, têm diretamente por causa as preocupações, inúteis, que bem depressa desapareceriam se se pudesse ensinar ao paciente a conservar os seus veículos em calma e em paz.

A cura magnética quase que se confunde com o mesmerismo, que examinaremos a seguir.

CAPÍTULO XVIII

O MESMERISMO

O estudante deve distinguir com precisão a diferença perfeitamente nítida e definida entre hipnotismo e mesmerismo.

O hipnotismo, cuja denominação deriva da palavra grega *hupnos* (sono), é, literalmente, a arte de adormecer. Consiste, de ordinário, numa paralisia nervosa, provocada por ligeiro esforço imposto aos nervos oculares e outros. Não constitui perigo em si mesmo, embora possa naturalmente servir a fins ilícitos ou culposos. Torna muitas vezes o paciente insensível ao sofrimento e pode proporcionar repouso salutar ao sistema nervoso. Em princípio, o paciente é conduzido voluntariamente a esse estado, cujo efeito mais importante é submetê-lo em maior ou menor grau ao domínio do magnetizador. Dentro de limites que variam conforme o temperamento e o caráter do paciente, o grau de hipnose e o poder e habilidade do operador, este pode impor sua vontade.

O mesmerismo baseia-se em princípio inteiramente diferente. A palavra deriva do nome de Frederico Mesmer (1734 — 1815), médico vienense. Em fins do século XVIII ele descobriu que podia curar enfermidades por meio de certas influências descarregadas pela mão e por ele denominadas "magnetismo animal".

O mesmerismo consiste essencialmente no fato de o operador expulsar do paciente e expelir para longe o magnetismo (fluido vital) enfermo, substituindo-o pelo seu próprio fluido. Como resultado natural, o paciente perde toda sensibilidade na região corporal donde seu fluido pessoal foi expulso. Já vimos que a faculdade de sentir depende da transmissão de contatos aos centros astrais, por meio da matéria do duplo etérico. Se, pois, a matéria etérica é removida, a ligação entre o corpo físico denso e o corpo astral fica interrompida e, por consequência, desaparece a sensibilidade.

A subtração do fluido vital não tem ação alguma sobre a circulação do sangue, e a região interessada conserva o calor normal.

É possível, pois, expulsar a matéria etérica do braço ou da perna de um doente, a ponto de resultar a anestesia completa do membro.

A ação mesmérica, em semelhante caso, é meramente local, e por isso, o paciente conserva toda sua consciência habitual; é como se um anestésico tivesse sido aplicado ao membro enfermo e nada mais.

Esta anestesia mesmérica já tem permitido efetuar operações cirúrgicas de importância maior ou menor.

O estudo talvez mais conhecido deste gênero de operações, encontra-se numa obra publicada em 1842 pelo dr. Esdaile, intitulada: *Mesmerism in India.*

Outro cirurgião, o dr. Elliotson, praticou também numerosas operações empregando a anestesia mesmérica, há cerca de três quartos de século, em Londres. Nesta época, o clorofórmio era desconhecido e toda sala de operações era uma câmara de torturas.

Interessantes relatos da obra desses dois inovadores vêm referidos no livro *The Rationale of Mesmerism,* de A. P. Sinnett, que muito recomendamos a nossos leitores.

O tratamento mesmérico pode ir mais longe, até expulsar do cérebro o fluido magnético do paciente e substituí-lo pelo do operador. Neste caso, o controle do corpo escapa ao paciente e passa ao operador, que faz com que sua vontade seja cumprida pelo magnetizado.

A substituição do fluido magnético do paciente pelo do operador acarreta uma consequência interessante. Um choque recebido pelo operador parecerá sentido pelo paciente e vice-versa.

Suponhamos, por exemplo, que um braço tenha sido mesmerizado e o fluido magnético do paciente tenha sido substituido pelo do operador. Se a mão deste último for ferida, o paciente pode sentir o efeito, porque tem ligado ao seu cérebro o éter nervoso do operador. Por conseguinte, ao receber a mensagem transmitida pelo cérebro do operador, imagina que ela lhe é trazida pelo seu próprio éter nervoso, e assim o sente. Este fenômeno é habitualmente chamado simpatia magnética; a literatura especial sobre este assunto está cheia de exemplos deste gênero.

Para mesmenizar, não é indispensável fazer passes com as mãos.

Estas só servem para concentrar o fluido e, talvez, para ajudar a imaginação do operador, pois tudo o que a favoreça, fortifica a convicção, a qual constitui a base principal do pensamento em ação. O mesmenizador hábil pode, no entanto, magnetizar sem fazer nenhum passe, bastando-lhe, para obter os resultados desejados, olhar o paciente e emitir-lhe a sua vontade.

O mecanismo etérico do corpo parece apresentar duas divisões distintas: uma inconsciente, ligada ao grande simpático, e outra consciente, ou voluntária, ligada ao sistema cérebro-espinhal. Parece também que é possível mesmenizar a segunda, mas não a primeira. O mesmerizador não pode, pois, em geral, influenciar no paciente as funções vitais normais, tal como a respiração ou a circulação do sangue.

Daí talvez o motivo de a Teosofia nos dizer que no corpo físico o prâna existe sob duas formas principais: no duplo etérico, é o prâna vigorisador, e no corpo denso, é o prâna automático.

Assim como no caso das curas magnéticas, é naturalmente em extremo desejável que o mesmerizador seja fisicamente são. Com efeito, derrama no paciente não só o prâna, mas também as suas emanações pessoais, donde a possibilidade de tansmitir-lhe uma enfermidade. Além disto, como as matérias astral e mental são igualmente transmitidas, também o podem ser as doenças morais e mentais.

Em virtude de análogas razões, o mesmerizador pode ainda, mesmo inconscientemente, exercer grande influência sobre o seu paciente — uma influência que é mais considerável do que geralmente se imagina. Qualidades de sentimento ou mente podem facilmente ser transmitidas ao paciente pelo magnetizador.

Vêm-se, pois, os perigos que daí podem resultar.

O mesmerismo, praticado exclusivamente para cura por pessoas que saibam o que fazem e jamais abusem de seu poder, apresenta muitas vantagens. Com outras finalidades, de certo, seu emprego deve ser desaconselhado.

O mesmerismo possui uma vantagem sobre a cura pela vontade. Quando as energias desta são infundidas no corpo físico, corre-se o risco de levar a doença aos veículos mais sutís, donde ela procede e, assim, impedir o resultado final no plano físico, de males que têm sua origem no mental e nas emoções. O mesmerismo, como processo de cura, não oferece este perigo.

Encontramos um interessante exemplo de cura magéntica ou mesmérica na cerimônia budista denominada *Paritta* ou *Pirit* (literalmente, "bênçãos").

Os monges, sentados em círculo ou formando um quadrado, seguram nas mãos uma corda, da qual pendem barbantes que mergulham numa grande bacia cheia de água. Os monges vão se substituindo e recitando textos sagrados durante vários dias, sem interrupção, conservando nitidamente no pensamento a intenção de abençoar.

A água, após ter sido assim magnetizada fortemente, é distribuida aos assistentes; uma pessoa doente poderá também segurar um dos fios ligados à corda.

Notemos, de passagem, que é possível mesmerizar as plantas e estimular o seu crescimento de maneira específica e precisa.

Poucas pessoas o sabem fazer conscientemente, sem dúvida, pelo menos no Ocidente. Mas esse fato explica, pelo menos em parte, que certas pessoas tenham "boa mão" nas culturas de plantas e flores.

Este fenômeno tem também outras causas mais comuns: a própria composição do duplo etérico e de outros veículos, e também a afinidade da pessoa com os elementais. Destes são mais amigos seus aqueles cujo elementos predominem nos veículos da pessoa.

Os espíritos da natureza não possuem nem senso de responsabilidade nem vontade bem desenvolvida, e por isso se prestam facilmente, em geral, ao domínio mesmérico. Podem então ser empregados das mais diversas maneiras, para cumprir os desejos do mago. Excetuado o caso de excederem ao alcance de suas faculdades, as tarefas que lhes lhes confiam são executadas fiel e exatamente.

Finalmente, deve-se acrescentar que é possível também mesmerizar pessoas recentemente falecidas e que, em corpo astral, permanecem ainda próximas de nós.

CAPÍTULO XIX

CONCHAS E ESCUDOS PROTETORES

Em determinadas circunstâncias, é legítimo e desejável formar uma concha ou escudo de matéria etérica, a fim de proteger-nos, ou a outrem, contra influências desagradáveis de várias espécies.

As aglomerações, por exemplo, desprendem, quase sempre, magnetismo físico repugnante, senão prejudicial, ao estudante de ocultismo.

Além disto, certas pessoas, que sofrem de falta de vitalidade, possuem a faculdade, que em geral elas próprias não percebem, de subtrair a seus vizinhos suas reservas de prâna. Se tais pessoas, semelhantes a vampiros, apenas se apoderassem de partículas etéricas inutilizadas e normalmente eliminadas pelo corpo, não haveria nisso inconveniente algum. Mas a sucção é muitas vezes tão intensa, que toda a circulação prânica da vítima é acelerada e partículas róseas são retiradas antes que seu conteúdo prânico tenha sido assimilado. Um vampiro ávido pode, assim, em poucos minutos, deixar a vítima completamente exausta.

Quase nada aproveita da vitalidade que furta aos outros, porque o seu próprio sistema tende a dissipá-la antes de a ter convenientemente assimilado.

Uma pessoa nestas condições necessita de tratamento mesmérico. E' preciso proporcionar-lhe quantidades estritamente limitadas de prâna, até que seu duplo etérico tenha readquirido a primitiva elasticidade, e assim a sucção e as perdas sejam detidas. O escapamento de vitalidade se dá, mais amiude, pelos poros e por todo o corpo, e não por uma só região.

Há casos anormais em que uma entidade estranha procura apossar-se e obsedar o corpo físico de uma pessoa. Pode-se dar o caso também de haver necessidade de dormir num carro de estrada de ferro, por exemplo, onde estejam pessoas do tipo vampiro ou cujas emanações sejam grosseiras ou indesejáveis. Finalmente, o estudante pode ser obrigado e frequentar lugares onde haja doenças.

Certas pessoas são a tal ponto sensitivas, que chegam a reproduzir em seu próprio corpo os sintomas apresentados por outras, que se acham enfraquecidas ou doentes. Há ainda outras que sofrem muito com as múltiplas vibrações emitidas nas grandes cidades.

Em todos os casos acima, uma concha etérica pode ser utilizada com grande proveito, para autoproteção. E' prcciso, entretanto, não esquecer que a concha etérica, tolhendo a entrada da matéria etérica, impede também a sua saída e, por conseguinte, as nossas próprias emanações etéricas, muitas das quais são tóxicas, ficarão encerradas nessa concha.

Esta é criada por um esforço de vontade e de imaginação. Consegue-se isto de duas maneiras: ou densificando a periferia da aura etérica que reproduz, em ponto maior, a forma do corpo; ou então, constituindo, com materiais tomados ao ambiente, um ovoide de matéria etérica.

E' preferível o segundo processo, embora exija esforço muito mais intenso e conhecimento mais completo da maneira como a matéria física é modelada pela vontade.

Os estudantes que desejem proteger seus corpos físicos durante o sono, por meio de uma concha etérica, devem tomar o cuidado de formá-la com matéria etérica e não matéria astral. Conta-se o caso de um estudante que cometeu este erro; em consequência, o corpo físico ficou sem nenhuma proteção, enquanto o seu possuidor saía em corpo astral dentro de uma concha impenetrável, que impedia totalmente sua consciência cativa de receber e transmitir algo do exterior.

A formação da concha etérica, antes de ir dormir, pode facilitar a transmissão das experiências do Ego à consciência de vigília, impedindo os pensamentos que, flutuando no mundo etérico, incessantemente assaltam nossos veículos, penetrando no cérebro etérico adormecido e misturando-se aos pensamentos deste mesmo cérebro.

A parte etérica do cérebro, onde funciona a imaginação criadora, desempenha papel ativo nos sonhos, sobretudo nos que são provocados por impressões externas ou por qualquer pressão interna nos vasos cerebrais. Estes sonhos têm em geral caráter dramático, pois tudo o que está acumulado no cérebro físico entra em ação pelo cérebro etérico, que arranja, dissocia e recompõe esses elementos a seu bel-prazer, e forma assim o mundo inferior dos sonhos.

A melhor maneira de, durante a vigília, permanecer ao abrigo do choque de pensamentos exteriores, consiste em manter o cérebro constantemente ocupado, em lugar de deixá-lo ocioso, o que abre de par em par as portas às ondas de pensamentos caóticos.

Durante o sono, a parte etérica do cérebro está ainda mais à mercê das correntes de pensamentos exteriores. Os meios indicados acima permitirão ao estudante evitar estes inconvenientes.

Em certos casos, não será necessário envolver todo o corpo; bastará constituir uma pequena armadura local, para se preservar de um determinado contato.

Há pessoas sensitivas que não podem dar apertos de mão sem sentir vivo sofrimento. Neste caso, pode-se formar um escudo temporário de matéria etérica, por um esforço de vontade e de imaginação, o qual protegerá completamente a mão e o braço contra a entrada de toda partícula carregada de magnetismo indesejável.

Escudos deste gênero podem proteger contra o fogo; mas, para isto, é preciso ter conhecimento muito mais completo de magia prática.

Estes escudos de matéria etérica (cuja camada mais fina se presta de tal modo à manipulação que se torna absolutamente impenetrável ao calor) podem ser assim estendidos sobre as mãos, os pés, ou ainda sobre as pedras ardentes ou outras substâncias empregadas em recimônias de andar sobre o fogo, ainda em uso em certas partes do mundo.

Assiste-se às vezes a fenômenos destes em sessões de espiritismo, em que os participantes podem então pegar em brasas impunemente.

Não é preciso acrescentar que as conchas e escudos de que tratamos, sendo puramente etéricos, não oferecem proteção alguma contra as influências astrais ou mentais. Contra estas, seria necessário formar conchas da matéria própria ao plano astral ou mental; mas este assunto escapa aos propósitos deste livro.

CAPÍTULO XX

A MEDIUNIDADE

Médium é a pessoa anormalmente constituida, cujos corpos etérico e físico denso podem ser facilmente deslocados. O duplo elétrico deslocado fornece, em grande parte, a base física aos fenômenos de materialização.

Em geral, formas assim materializadas quase não se afastam do médium, pois a matéria que as constitui sofre uma atração que não cessa de repuxá-las para o corpo do qual procedem; tanto que, se a figura materializada permanecer por muito tempo afastada do médium, desagrega-se, e a matéria com a qual foi formada volta instantaneamente à sua fonte.

As formas destes gênero só podem resistir por alguns instantes às intensas vibrações de uma luz forte.

A mediunidade é, em suma, perigosa e, por sorte, relativamente rara; acarreta grande tensão e perturbações no sistema nervoso. Quando o duplo etérico é deslocado, em realidade ele se divide em dois. Não poderia ser inteiramente separado do corpo físico denso, sem disso resultar a morte, porque a força vital, ou prâna, não pode circular sem a presença de matéria etérica. A retirada parcial do duplo é suficiente para deixar o corpo denso em sono letárgico e quase suspender as funções vitais; este perigoso estado é seguido naturalmente de um esgotamento extremo.

O espantoso desperdício de vitalidade devido à supressão dos meios que permitem ao prâna circular, explica a prostração dos médiuns após uma sessão e também porque muitos deles acabam por incorrer no vício da embriaguês. Pedem aos estimulantes a satisfação da imperiosa necessidade de energia, provocada pelo seu súbito enfraquecimento.

William Crookes, à página 41 de sua *Researches* (Pesquisas), escreveu o seguinte: "Após ter verificado o penoso estado de prostração nervosa e corporal em que algumas dessas experiências deixaram o sr. Home, após tê-lo visto deitado no chão, quase sem sentidos, pálido e mudo, como duvidar de que a evolução da força psíquica seja acompanhada de um desperdício correspondente de força vital?

A condição acima descrita assemelha-se ao choque que se segue às operações cirúrgicas.

Nas sessões espíritas, o clarividente vê o duplo etérico que sai, em geral, do lado esquerdo do médium, porém, às vezes, da superfície toda do corpo — este duplo é que, muitas vezes, constitui o "espírito materializado", modelado facilmente e de diversas maneiras pelos pensamentos dos assistentes, aumentando a sua força e vitalidade quando o médium está mergulhado em transe profundo. Habitualmente não intervém nenhum esforço consciente por parte dos assistentes; não obstante, o resultado pode ser sistematicamente obtido. Assim, H. P. Blavastsky relata que, durante os notáveis fenômenos obtidos na granja dos Eddy, ela modelou sistematicamente a forma do "espírito", que foi visto pelos assistentes, sob diversas aparências.

A matéria etérica, modelada em formas deste gênero, embora invisível à vista ordinária, pode, entretanto, impressionar uma chapa fotográfica, porquanto esta é sensível a certos comprimentos de ondas luminosas, não perceptíveis à vista humana. E' esta a explicação de todos os casos verificados, em que "formas de espíritos" apareceram em negativos de retratos fotográficos comuns.

Acontece freqüentemente, durante as sessões, que não só é utilizada matéria do duplo etérico do médium, mas também dos assistentes; daí a fadiga muitas vezes sentida pelos freqüentadores dessas sessões.

Para que do corpo físico possa ser subtraída grande quantidade de matéria, sem perigo de morte, é preciso que haja absoluta passividade. O médium, em geral, conserva-se bem consciente, no fundo, mas a menor tentativa de afirmar a individualidade ou de pensar de maneira contínua, enfraquece imediatamente a forma que está materializada ou fá-la voltar à fonte originária. Um choque ou perturbação subita ou qualquer tentativa para agarrar a "forma-espírito", são extremamente perigosos e podem mesmo produzir a morte.

Além da matéria etérica, acontece muitas vezes que certa quantidade de matéria física, principalmente gasosa e líquida, é retirada do corpo do médium. Citam-se casos em que, durante a materialização, o corpo do médium diminuia visivelmente de volume, enquanto o aspecto deprimido, enrugado, do rosto, oferecia, diz-se, espetáculo singularmente horrível e penoso. Colocado numa balança, o corpo do médium nesses casos acusa diminuição de peso, que pode chegar até a vinte quilos, enquanto que o peso da forma materializada demonstrava aumento pelo menos igual a essa quantidade, e geralmente até mais, sem dúvida pelo fato de certa porção de matéria densa haver sido retirada dos corpos dos assistentes. Num caso muito conhecido, o "espírito" materializado carregou o corpo do médium, sr. Eglinton.

Para uma entidade astral que quer "manifestar-se" ou produzir um fenômeno qualquer no plano físico, o médium serve para fornecer a matéria etérica indispensável; esta age como intermediária, para trazer as forças astrais à matéria física.

Coisa análoga se passa, quando um ébrio falecido se acerca de uma taverna e se reveste de um véu de matéria etérica, a fim de poder absorver o odor de álcool, de que tanto sente necessidade. Incapaz de ter as sensações do álcool, como os vivos, ele impele outros a se embriagarem, a fim de poder entrar parcialmente em seus corpos físicos, obsedá-los e assim desfrutar diretamente, uma vez mais, o gosto e as demais sensações da bebida, que tanto deseja.

Algumas vezes, a matéria tomada ao médium basta apenas para formar u'a mão etérica ou dedos, que seguram um lápis e escrevem, ou para permitir golpes, ou ainda derrubar ou deslocar objetos, e assim por diante.

Em geral a matéria etérica e a física densa retiradas do médium servem para materializar uma forma astral, o bastante para torná-la visível aos assistentes; a forma que então se vê não é, pois, sólida, porém constituida simplesmente por uma película delgada.

As roupas com as quais os "espíritos" se apresentam comumente vestidos nas sessões, são muitas vezes fabricadas com as do médium ou dos assistentes. Ora o tecido é muito grosseiro, ora de extrema delicadeza, mais delicado mesmo do que o produzido pelos teares orientais. Por vezes essas roupas podem ser retiradas da sala da sessão e conservadas durante vários anos; ou, ao contrário, podem desaparecer ao cabo de uma hora, ou duas e até em alguns minutos.

E' indiscutível que salvo, talvez, casos mui raros e tomadas todas as precauções possíveis, as práticas da mediunidade são prejudiciais e às vezes extremamente perigosas. Devemos, no entanto, reconhecer que por meio de tais práticas uma multidão de pessoas aprenderam a conhecer a realidade do mundo invisível e a continuidade da vida após a morte, ou pelo menos a crer nestes fatos. Por outro lado, porém, deve-se salientar que este conhecimento ou crença poderia talvez ser obtido por outros meios menos perigosos.

Jamais um oculista experimentado, pertencente a uma escola de "magia branca", agiria sobre o duplo etérico de alguém, a fim de obter u'a materialização, nem tampouco provocaria uma perturbação no seu, para se tornar visível à distância. Lembrar-se-ia de condensar e construir ao redor de seu corpo astral uma quantidade de éter do ambiente suficiente para permitir a materialização e, em seguida, por um esforço de vontade, impor-lhe esta forma pelo tempo que fosse necessário.

A maior parte dos "espíritos-guias" sabem muito bem os perigos que correm os médiuns e, para protegê-los, tomam todas as precauções possíveis.

Os próprios "espíritos" sofrem, algumas vezes, quando a forma materializada é, por exemplo, tocada ou ferida, devido à associação estreita que se estabelece entre a matéria etérica da forma materializada e a matéria astral pertencente ao corpo dos "espíritos".

E' verdade que, naturalmente, nenhuma arma física pode afetar um corpo astral, porém, uma lesão na forma materializada pode ser transmitida ao corpo astral pelo fenômeno conhecido como "repercussão".

Como, durante a materialização, as partículas de matéria são tiradas do médium e de todos os assistentes, elas se encontram intimamente misturadas. Por conseguinte, qualidades indesejáveis ou vícios, existentes em algum dos assistentes podem influnciar os outros e sobretudo o médium, que é de todos o mais vulnerável e por certo, também, o mais sensitivo. A nicotina e a intoxicação pelo álcool parecem determinar especialmente esse penosos efeitos.

Os médiuns de baixa categoria atraem inevitavelmente as mais indesejáveis entidades astrais, que podem reforçar sua própria vitalidade à custa do medium e dos assistentes. Um "fantasma" semelhante pouco desenvolvida, o que lhe acarreta deploráveis resultados.

Citam-se casos em que uma entidade estranha, encarnada ou não, se apoderou do corpo de um homem adormecido e se serviu dele para seus fins pessoais. E' numa pessoa apresentando as características mediúnicas que seria mais fácil esse gênero de agressão.

CAPÍTULO XXI

A OBRA DO DR. WALTER J. KILNER

No livro intitulado *The Human Atmosphere* (1911), o Dr. Walter J. Kilner expõe as experiências que ele fez sobre a aura humana, por meio de retículos coloridos.

Neste capítulo resumimos os princípios gerais e as descobertas desse autor. Para maiores detalhes, sobretudo quanto à maneira de empregar os retículos coloridos, aconselhamos ao leitor o estudo de obra já referida.

Notemos um pronto interessante: o dr. Kilner afirma não possuir grau algum da faculdade de clarividência. Nada havia lido sobre a aura humana, antes de ter examinado mais de sessenta doentes; afirma que seus métodos são puramente físicos, e podem ser aplicados por qualquer pessoa que esteja disposta a investigar.

Os retículos consistem em ampolas finas e achatadas, contendo cores de dicianina dissolvidas em álcool. Conforme o fim a atingir, são empregados diversos matizes, tais como o carmim carregado e claro, o azul, o verde, o amarelo.

O operador olha a luz, por alguns minutos ou mais, através de um retículo de cor carregada; examinando em seguida, o paciente, através de uma ampola de cor clara, consegue perceber a sua aura.

O uso destes anteparos parece afetar a vista, a princípio temporariamente, e depois de maneira permanente, a ponto de acabar o operador vendo a aura sem se servir dêles. Não obstante, é aconselhável usá-los com toda prudência, pois os olhos tendem a ficar muito doloridos.

E' preciso usar uma luz atenuada, difusa, proveniente de um só ponto, situada, de preferência, atrás do observador; habitualmente basta para que se veja distintamente o corpo. Um fundo negro sem brilho é, em geral, necessário, embora algumas observações exijam um fundo branco. A pessoa em observação deve estar colocada a uns 30 centímetros à frente do fundo, a fim de que sejam evitadas as sombras e outras ilusões de ótica.

Independentemente dos retículos coloridos, o Dr. Kilner empregou um outro processo engenhoso, para estudar a aura, ao qual chama método das cores complementares. O observador fixa a vista durante 30 segundos no mínimo, e 60 no máximo, numa faixa colorida de 5 centímetros por 2 centímetros e bastante iluminada. Com isto enfraquece, na vista, a faculdade de perceber esta cor particular; além disto, os olhos tornam-se impressionáveis à ação de outras cores. Quando o olhar é dirigido ao paciente, aparece uma faixa ou orla da cor complementar; é do mesmo tamanho e da mesma forma que a faixa precedente; este "espectro" persiste por algum tempo.

Na prática, verifica-se que as mudanças de cor nas auras têm por efeito mudar a cor da faixa que apresenta o tom complementar. Utilizando-se estes processos com habilidade, é possível verificar muitos fatos relacionados com a aura, que escapariam à observação, empregando-se somente os retículos coloridos.

As cores empregadas pelo Dr. Kilner são as seguintes.

1. Goma-guta com 1 c/c. de azul da Prússia.
2. Azul de Antuérpia, com 1 c/c. de goma-guta.
3. Carmim, com guta, com 1 / de verde esmeralda transparente.
4. Verde esmeralda, com 1 c/c. de carmim.

A observação revela que a aura apresenta três partes distintas, chamadas pelo Dr. Kilner:

1. O duplo etérico.
2. A aura interna.
3. A aura externa.

O duplo etérico, visto através dos retículos coloridos, tem a aparência de uma faixa escura em contato imediato com o corpo, cujos contornos segue exatamente. Sua largura é a mesma em toda a extensão; em geral é de 1,5 a 5 milímetros; varia segundo as pessoas e também numa só pessoa, sob condições variáveis. E' perfeitamente transparente e nitidamente estriado. Linhas de um belo róseo, muito delicadas, parecem matizar o intervalo entre as estrias. A cor rósea contém certamente mais azul do que o carmim. Parece provável que as linhas são em si mesmas luminosas. Até agora não se notou, no duplo etérico, nenhum atributo ou modificação que pudesse ajudar o diagnóstico.

A *Aura Interna* começa no rebordo exterior do duplo etérico, embora pareça, muitas vezes, tocar o próprio corpo. Apresenta geralmente largura uniforme, de 5 a 10 centímetros, às vezes um pouco menos, ao longo dos membros, e segue os contornos do corpo. E' relativamente mais larga nas crianças do que nos adultos. Sua estrutura é granular; os grânulos são excessivamente finos e dispostos à maneira de estrias. As estrias são paralelas entre si e perpendiculares à superfície do corpo, e aos feixes, estando as mais compridas no centro e os mais curtos por fora, com borda arredondada. Esses feixes estão amontoados, dando assim à aura um contorno crenado. Nenhuma cor se notou nas estrias. Em casos de doença, são menos visíveis.

A aura interna é a parte mais densa da aura propriamente dita; nas pessoas de saúde robusta, é, em geral, nitidamente acentuada e mais ampla.

A *Aura Externa* começa no rebordo externo da aura interna, e ao contrário da Aura Interna, varia consideravelmente em tamanho.

Ao redor da cabeça ultrapassa, em geral, de cerca de 25 milímetros o plano dos ombros; nos lados e atrás do tronco tem cerca de 10 a 12 centímetros de largura, e um pouco menos na parte dianteira do corpo, cujos contornos acompanha de perto. E', às vezes, um pouco mais estreita nos membros inferiores. Sua largura é a mesma nos braços e nas pernas, porém é geralmente mais larga nas mãos e ultrapassa de muito, freqüentemente, a extremidade dos dedos.

O contorno não é perfeitamente nítido, pois esvanece-se gradualmente no espaço. A Aura Externa parece sem estrutura e não é luminosa. A parte interior da Aura Externa apresenta grânulos maiores do que os da parte externa; os divrsos tamanhos de grânulos se fundem gradativa e imperceptivelmente uns nos outros.

Até à idade de 12 ou 13 anos, as auras das crianças de ambos os sexos se assemelham, sendo apenas a aura feminina mais delicada, geralmente, do que a masculina. A partir da adolescência, as duas auras masculina e feminina podem ser distinguidas. Uma e outra apresentam, entretanto, numerosas particularidades individuais.

A aura feminina é geralmente muito mais larga nas partes laterais do corpo e sua largura máxima encontra-se na cintura; é também mais larga atrás do que na frente; a parte mais larga está na concavidade lombar, onde forma freqüentemente uma convexidade.

O Dr. Kilner acha que a forma ovóide é mais perfeita; os desvios resultam de insuficiente evolução. A delicadeza e a transparência caracterizam a aura de tipo superior.

As crianças têm auras cuja largura, em proporção à altura, é maior do que nos adultos. Além disto têm, sobretudo os meninos, uma aura interna quase tão larga quanto a externa, a ponto de se tornar, às vezes, difícil distinguí-las.

As pessoas inteligentes possuem, em geral, auras maiores do que as mediocres; isto é mais notável ao redor da cabeça. Quanto mais acinzentada é a aura, tanto mais o indivíduo é obtuso ou de mentalidade débil.

Ás vezes pode ser discernida uma névoa excessivamente leve, ultrapassando de muito a aura externa. Só foi observada em pessoas cuja aura é excepcionalmente extensa e parece sr uma continuação da aura externa. O Dr. Kilner chama-a aura ultra-externa.

Foram observados raios, placas, correntes luminosas, que emanam de diversas partes do corpo; umas vezes aparecem e desaparecem rapidamente; outras vezes persistem. As placas parecem sempre incolores. Os raios também o são em geral, embora, às vezes, apresentem alguns matizes. Neste último caso, a aura é habitualmente muito densa. Existem três variedades:

Primeira — Raios ou placas, mais claros do que a aura circundante, inteiramente separados do corpo; apesar disto, ficam-lhe muito próximos, aparecem na aura e são envolvidos por ela. A mais comum de suas formas é a alongada, com o eixo de maior comprimento paralelo ao corpo. Seus lados são geralmente nítidos e coincidem exatamente com o bordo da aura interna: confundem-se muitas vezes com a aura vizinha.

A Aura Interna no inteiror do Raio perde geralmente, porém nem sempre o seu aspecto estriado e torna-se granular. Quanto mais alongado o Raio, tanto mais grossos se tornam os grânulos.

Segunda — Raios provenientes de uma região do corpo e dirigindo-se para outra não muito distante. Estes raios são geralmente os mais brilhantes. Podem, por exemplo, ser vistos fluindo do corpo a um braço, ou, se o braço está dobrado, da axila ao punho.

Se o observador coloca a mão perto do paciente, as auras de ambos se tornam quase sempre mais brilhantes localmente, e logo um Raio completo se forma entre a mão e a região mais vizinha pertencente ao paciente. Estes Raios se formam mais facilmente entre extremidades do que entre superfícies.

Num caso, o Raio da mão de uma pessoa para a de outra, era de cor amarela brilhante, que mudou para uma cor de rubi transparente.

Terceira — Raios projetados perpendicularmente no espaço, mais brilhantes e na mesma distância, ou mais, que a Aura Externa. Os Raios são geralmente, mas nem sempre, paralelos, e raramente em forma de leque; suas extremidades são pontiagudas, e extinguem-se, especialmente quando fluem das pontas dos dedos.

Os raios observados são invariavelmente retilíneos. Sua direção normal é perpendicular ao corpo, porém podem tomar qualquer direção, como, por exemplo, quando saem das pontas dos dedos de uma pessoa para os de outra.

Além da cor ordinária, azul-acinzentada, a presença do vermelho e do amarelo foi verificada em certos raios. A estrutura destes parece-se com a da Aura Interna; além disto, não se observa que provocassem diminuição da densidade ou do brilho da Aura Externa vizinha. Estes dois fatos nos autorizam a concluir que os raios e a Aura Interna têm origem comum no corpo e que, por conseguinte, um raio é simplesmente o prolongamento de um feixe de estrias pertencentes à Aura Interna.

O Dr. Kilner verificou também que, em condições similares, porém mais dificilmente, pôde perceber uma névoa ou aura azulada envolvendo os ímãs, sobretudo nos polos; uma aura amarela ao redor de um cristal de nitrato de urânio; uma aura azulada ao redor de células galvânicas, e ao redor de um condutor qualquer reunindo os dois pólos e também no espaço compreendido entre dois fios ligados respectivamente a cada um dos pólos.

O Dr. Kilner constatou, assim, os seguintes fatos: 1.º — que a aura interna apresenta organização estriada, enquanto a externa é absolutamente nebulosa; 2.º — que a aura interna é nitidamente delimitada, enquanto a externa o é muito vagamente; 3.º — que o rebordo externo da aura interna é crenado, não se dando o mesmo com o da aura interna; 4.º — que há raios emanando da aura interna, porém nunca se verificou sua origem na aura externa, nem sua passagem à aura interna.

Daí o Dr. Kilner tirou as seguintes conclusões: 1.º — que a aura externa provavelmente não é derivada da aura interna; 2.º — que provavelmente as duas auras não são produzidas pela mesma força.

O Dr. Kilner distingue, pois: a força áurica n.º 1 (1AF) que faz nascer a aura interna; 2.º — a força áurica n.º 2 (2 AF) que produz a aura externa.

1 AF parece agir com energia extrema em uma região delimitada. Um aumento local desta força permite projetar raios conscientemente, por um esforço de vontade.

2 AF é mais móvel e seu campo de ação é mais vasto do que o de 1 AF; parece inteiramente independente da vontade.

Diversos estados de saúde, gerais ou locais, agem sobre essas forças e, por meio delas, sobre as auras, porém não o fazem necessariamente da mesma maneira sobre as auras interna e externa.

Uma afeção local pode fazer desaparecer todas as estrias da aura interna, que fica então opaca e mais densa, e muda de cor. Pode também apresentar listras grosseiras, muito diferentes das estrias finas que caracterizam o estado de saúde normal. Enfim, pode produzir uma falha na aura interna.

Uma afeção que interesse grande parte do corpo pode tornar a aura interna mais estreita de um lado do corpo do que do outro; ao mesmo tempo, surgem modificações na contextura e muitas vezes na cor da aura interna.

As variações da aura externa, devidas a 2 AF, são menos acentuadas do que as da aura interna. A largura pode diminuir, porém nunca desaparecer; a cor também pode mudar. Uma alteração sofrida por uma grande parte do corpo pode modificar inteiramente a forma da aura externa. Esta pode tornar-se mais estreita, sem que a aura interna seja afetada, porém se a aura interna se encolhe, sucede o mesmo com a externa.

As alterações nas auras podem ser causadas por doenças. Na histeria, a aura externa é mais larga nos flancos do tronco; sua largura diminui bruscamente perto do púbis, e forma-se uma protuberância na região lombar.

Na epilepsia, de ordinário se contrai, em toda a sua extensão, um lado de ambas as auras, interior e exterior; a interior se torna mais tosca e as estrias diminuem ou desaparecem. A cor é geralmente cinzenta.

Uma contração da aura interna é sinal invariável de doença grave. Observa-se, algumas vezes, verdadeira rutura na aura.

A aura interna quase não muda de forma e de tamanho, porém sua textura muda bastante. A aura externa varía mais freqüentemente e de maneira mais acentuada, na forma e no tamanho, porém a alteração é quase imperceptível na textura.

Em caso de enfermidade, o primeiro sintoma mórbido é a diminuição ou a perda completa das estrias; concomitantemente, os grânulos parecem mais grossos, porque os menores se aglomeram.

Qualquer perturbação da aura interna é acompanhada de alteração correspondente na aura externa.

A preparação da vista por meio de retículas dificulta a apreciação exata das variações de cor na aura. Parece que a gama das tonalidades vai do zul ao cinzento, e que a cor depende mais do temperamento e das faculdades mentais do que das alterações na saúde física. Quanto maior for a energia mental, tanto mais azulada é a aura; a deficiência de energia mental traduz-se na aura pela cor cinzenta.

Certas experiências feitas pelo Dr. Kilner provaram não somente que os raios podiam ser emitidos de diferentes regiões do corpo, por um esforço de vontade, mas também que esse esforço podia fazer variar a cor de um raio ou de uma parte da aura. Desta maneira foram produzidos o vermelho, o amarelo e o azul. A cor azul é a mais fácil e a amarela a mais difícil de ser produzida.

Um estudo atento dos resultados obtidos pelo Dr. Kilner revela que os mesmos estão perfeitamente de acordo com as observações obtidas por clarividência. O Dr. Kilner, entretanto, parece ter estudado com mais minúcia, em certos pontos, a estrutura da aura e os efeitos nela produzidos pelas doenças.

O que o Dr. Kilner chama Duplo Etérico, é, evidentemente, o veículo a que os clarividentes dão esse mesmo nome. As estrias da aura interna do Dr. Kilner são claramente idênticas às aura da saúde (ver o Capítulo IV pág. 43). O que o Dr. Kilner chama Aura Externa é formado, segundo pensamos, por partículas etéricas esvaziadas de seu prâna e também por qualquer matéria etérica expulsa do corpo (ver o Capítulo XI, *Excreções*). Convém o estudante comparar as gravuras da aura da obra do Dr. Kilner com as da saúde do livro de Leadbeater, *O Homem Visível e Invisível*, lâmina XXIV.

E' razoável pensar-se que, se os métodos do Dr. Kilner forem aperfeiçoados, permitirão que se perceba fisicamente: 1.º — os chakras etéricos; 2.º — o fluxo e a circulação do prâna no corpo; 3.º — a natureza e a estrutura do duplo etérico dentro do corpo.

Como o Dr. Kilner mencionou a dificuldade de se perceber a aura sobre um fundo de músculos, perguntamo-nos se não seria possível obter-se um fundo conveniente, colorido, de qualquer maneira, a pele da pessoa observada.

O Dr. Kilner acrescenta que o único fim de suas pesquisas foi utilizar a aura como um meio de diagnóstico.

É, pois, provável que, levadas mais longe, essas observações revelassem propriedades da aura que, embora sem utilidade para o diagnóstico, apresentassem todavia interesse científico.

Os fatos observados: 1.º — que a má saúde altera a aura; 2.º — que a matéria etérica de auras vizinhas se reune e forma raios; 3.º — que os raios podem ser formados e dirigidos por um esfôrço de vontade; 4.º — que a própria cor dos raios depende da vontade — parecem indicar mais um pequeno passo progressivo nas curas magnéticas e mesméricas.

Aguardemos com confiança que um investigador empreenda o estudo deste importante e interessante assunto, com o mesmo rigor que caracteriza as pesquisas do Dr. Kilner.

CAPÍTULO XXII

FACULDADES ETÉRICAS

As faculdades etéricas são prolongamentos dos sentidos físicos ordinários, que permitem ao seu possuidor perceber "vibrações" que pertencem à parte etérica do plano físico. Estas impressões são recebidas pela retina do olho, afetando, sem dúvida, sua matéria etérica.

Em certos casos anormais, outras regiões do corpo etérico podem responder às vibrações tão facilmente ou mesmo mais facilmente que o olho. Isto, em geral, é devido a um desenvolvimento astral parcial, e as seções sensíveis do duplo etérico coincidem, quase sempre, com os chakras astrais.

Em resumo, existem dois tipos de clarividência: a inferior e a superior. A inferior manifesta-se esporadicamente nas populações não desenvolvidas, tais como os selvagens da África Central. E' mais uma espécie de sensação geral pertencendo vagamente ao conjunto do corpo etérico, do que uma percepção sensorial propriamente dita, comunicada por um órgão especializado; escapa quase completamente ao controle do homem.

O duplo etérico está em relação muito estreita com o sistema nervoso; toda ação exercida sobre um, reage imediatamente sobre o outro. Na clarividência inferior, a perturbação nervosa afeta quase inteiramente o sistema simpático.

Nas raças mais evoluidas, a vaga sensibilidade desaparece, comumente, à medida que as faculdades mentais se expandem.

Mais tarde, quando o homem espiritual começa a se desenvolver, ele recobra a faculdade de clarividência, porém, desta vez, a faculdade é precisa e exata, submissa à vontade, e é exercida por um dos órgãos sensorios. Toda ação nervosa pertence quase exclusivamente ao sistema cérebro-espinhal.

As formas inferiores de psiquismo encontram-se mais freqüentemente nos animais e nos indivíduos de escassa inteligência. O psiquismo histérico e irregular é devido à falta de desenvolvimento do cérebro e à predominância do grande simpático: como as grandes células ganglionares deste sistema contêm forte proporção de matéria etérica, elas são facilmente afetadas pelas vibrações astrais mais grosseiras.

A visão etérica pode ser temporariamente estimulada, por exemplo, no *delirium tremens;* o homem que dele sofre pode ver seres etéricos e também astrais. As serpentes e outras visões horríveis, vistas em casos semelhantes, são quase sempre criaturas de tipo muito baixo que absorvem com delícia as emanações alcoólicas provindas do corpo do ébrio.

Deve-se notar que o duplo etérico é particularmente sensível aos elementos constitutivos das substâncias alcoólicas.

A faculdade da clarividência pode, às vezes, se manifestar sob a influência do mesmerismo; ou ainda em virtude da tensão nervosa exagerada, provocada pela excitação ou por más condições de saúde, pelos narcóticos ou por certos cerimoniais que levam à auto-hipnose.

Não obstante, é desaconselhável procurar submeter-se ao sono magnético a fim de alcançar a clarividência, pois o domínio da própria vontade por outra estranha pode enfraquecer a vontade do paciente e provocar-lhe a tendência a deixar-se governar pelos outros.

Às vezes, uma pessoa que tenha a grande felicidade de conseguir atrair a amizade dos espíritos etéricos da natureza, pode, com a assistência deles, obter fugitivos lampejos de clarividência temporária.

Para cultivar semelhantes amizades, é preciso lembrar-se de que estes espíritos são excessivamente tímidos e receosos dos homens. Não apreciam as emanações físicas do homem médio — as da carne, do fumo e do álcool — bem como, os sentimentos baixos e egoistas, tais como a sensualidade, a cólera, ou a depressão. Os sentimentos enérgicos e altruistas, de natureza elevada, criam o gênero de atmosfera na qual se banham com alegria os espíritos da natureza.

Quase todos eles amam a música; há alguns que são particularmente atraídos por certas melodias.

O Sr. Leadbeater narra que viu na Sicília jovens pastores tocando flautas de *Pan,* fabricadas por eles mesmos, cercados por um auditório de fadas que volteavam alegremente, sem que os jovens provavelmente o suspeitassem. No entanto, os camponeses frequentemente vêem espíritos da natureza, como o atesta a literatura de muitos povos.

Existe um método de desenvolver a visão etérica pelo emprego da imaginação. Procura-se "imaginar" o que pode ser o interior de um objeto físico, como, por exemplo, uma caixa fechada, isto é, "adivinhar" por um esforço firme de imaginação, ou esforçar-se por ver o que escapa à visão comum. Após numerosas tentativas, parece que se acerta nessa "adivinhação" com mais freqüência do que o faria prever a lei das probabilidades; e o homem termina, com efeito, vendo etéricamente o que antes ele apenas imaginava.

Diz-se que esta prática é seguida pela tribo Zuni, dos índios de pela vermelha americanos. (1).

Numerosas pessoas que queiram dar-se ao incômodo de observar em apropriadas condições de iluminação, podem ver o fluido magnético, isto é, o éter nervoso, emanando das mãos do magnetizador.

O barão de Reichenbach, em meados do século XIX, relata que encontrou mais de sessenta pessoas capazes de ver essas emanações. Algumas percebiam também emanação bastante semelhante provinda de ımãs físicos, de cristais e de fios de cobre, uma de cujas extremidade estava ao sol. Em geral, os observadores permaneciam encerrados durante horas num quarto escuro, a fim de tornar a retina mais sensível.

Alguns sábios franceses, que não podiam normalmente enxergar os raios N, conseguiram-no após ter passado 3 ou 4 horas na obscuridade.

Notemos aqui que os raios N são devidos às vibrações do duplo etérico, que levantam ondas no éter circundante. Os animais, as flores e os metais despren-

---

(1) *Service Magazine*, abril de 1925, artigo de Beatrice Wood.

dem raios N, porém cessam de fazê-lo sob a ação do clorofórmio. Esses raios não são jamais emitidos por um cadáver. Lembremo-nos também de que os anestésicos, como o clorofórmio, expulsam a matéria etérica do corpo físico, impedindo assim, naturalmente, a emanação dos raios.

A plena e controlada posse da visão etérica permite ao olhar atravessar a matéria física: um muro de tijolos, por exemplo, não parece mais consistente do que uma leve bruma; é possível descrever-se o conteúdo de uma caixa fechada e ler-se uma carta lacrada; com um pouco de prática, consegue-se também encontrar uma passagem determinada num livro fechado.

Se a faculdade está perfeitamente desenvolvida, acha-se sob controle, podendo-se então empregá-la ou não, segundo se queira. Diz-se que é tão fácil passar da visão física para a etérica como mudar o foco visual numa lente bifocal. Com efeito, a mudança consiste simplesmente em mudar o foco da consciência.

Até certa distância, a terra é transparente à visão etérica; assim, é fácil a quem a possua observar a uma considerável profundidade, tal qual em água límpida. Isso lhe permite enxergar, por exemplo, um bicho entocado no subsolo, ou descobrir ali um lençol de carvão ou metal. Mas a transparência dos corpos não é total.

Em geral, os corpos humanos e dos animais são transparentes. Assim, pode-se observar a ação dos órgãos internos e, até certo ponto, diagnosticar moléstias por este meio.

A vista etérica percebe a presença de muitas entidades dotadas de corpos etéricos, tais como os espíritos da natureza de ordem inferior. Nesta categoria se incluem todas as fadas, gnomos e duendes de que tanto se fala nas regiões montanhosas da Escócia, Irlanda e outros países.

Existe uma classe de graciosas fadas, de corpos etéricos, que se elevaram na escala evolutiva através das ervas, cereais, formigas e abelhas, e minúsculos espíritos da natureza. De fadas etéricas evoluirão para salamandras ou espíritos do fogo, depois para silfos ou espíritos do ar, e mais tarde passam para o reino angélico.

As fadas apresentam numerosas e diversas formas, porém, o mais das vezes sua forma é humana e o tamanho reduzido. Distinguem-se, em geral, por algum membro ou traço que se mostra grotescamente exagerado. A matéria etérica é plástica e facilmente modelada pelo pensamento; daí poderem elas, à vontade, assumir quase todos os aspectos.

Possuem, no entanto, formas que lhes são peculiares e das quais se revestem, quando não têm razões para adotar outras.

Para tomar uma forma diferente da sua, a fada fixa o pensamento na imagem nítida da forma desejada; desde que relaxe a atenção, volta à aparência normal.

A matéria etérica não obedece instantaneamente à energia mental, como o faz a matéria astral. Pode-se dizer que a matéria mental se modifica com o pensamento; a matéria astral também se modifica, mas tão rapidamente que o observador ordinário não o percebe; porém com a matéria etérica a visão pode seguir, sem dificuldade, o crescimento ou a diminuição.

Um *silfo* astral passa "como relâmpago" de uma a outra forma; uma fada etérica cresce ou diminui rapidamente, mas não instantâneamente.

O tamanho de uma fada etérica pode variar apenas dentro de certos limites, se bem que vastos. Uma fada de doze polegadas (0,30 m) de altura poderia crescer e atingir o tamanho de seis pés (1, 98 m), porém à custa de considerável esforço, que ela não poderia manter além de alguns minutos.

Dentre as correntes de vida em evolução, há uma que, após ter deixado o reino mineral, em vez de passar para o reino vegetal, reveste veículos etéricos localizados no interior da terra, vivendo no centro de rochas que em nada lhe impede os movimentos nem a visão.

Mais tarde, continuando embora a viver nessas massas rochosas, esses seres ficam mais perto da superfície terrestre; os mais desenvolvidos podem mesmo, de vez em quando, destacar-se momentaneamente dos demais.

Esses gnomos, que foram algumas vezes percebidos e mais vezes talvez ouvidos nas cavernas ou nas minas, tornam-se visíveis, seja materializando-se por meio de um véu de matéria física, seja porque o observador tenha temporariamente adquirido a clarividência etérica. Seriam vistos com mais freqüência, se não fosse sua antipatia invencível pela vizinhança dos seres humanos, sentimento partilhado por todos os espíritos da natureza, salvo os de tipos mais inferiores.

Alguns destes últimos não oferecem encanto algum sob o ponto de vista estético; massas informes de bocas imensas, escancaradas e vermelhas, nutrindo-se das asquerosas emanações etéricas do sangue e da carne em putrefação. Seres rapaces, assemelhantes a crustáceos, de cor vermelho-pardacenta, planando acima das casas de má reputação. Monstros ferozes, semelhantes a polvos, que se deleitam com as cenas de embriaguês e as emanações alcoólicas.

Os seres que desempenham o papel de divindades de tribos, ou são aceitas como tais, aos quais se oferecem sacrifícios sangrentos, ou se queimam alimentos, de preferência cárneos, não passam de tipos de baixíssima categoria, dotados de corpos etéricos, pois só por meio destes podem absorver as emanações físicas, das quais se alimentam ou deleitam.

As lendas que falam em ungüentos ou drogas que aplicados aos olhos permitem ver fadas, têm um fundo de verdade. Nenhum ungüento passado nos olhos pode abrir a visão astral, se bem que certas fricções feitas em todo o corpo ajudem o corpo astral a separar-se do físico, com plena consciência deste. Mas tal aplicação aos olhos físicos poderia facilmente estimular a visão etérica.

À visão etérica são naturalmente visíveis os duplos etéricos humanos, os quais são freqüentemente vistos pairando sobre os túmulos recentes. Nas sessões espíritas se pode ver a matéria etérica escapar-se do flanco esquerdo do médium, e ao mesmo tempo, as diversas maneiras de se utilizarem dela as entidades que querem se comunicar no círculo.

A visão etérica torna perceptíveis várias cores inteiramente novas, de todo diferentes das do espectro solar que conhecemos e, por conseguinte, impossíveis de ser descritas na linguagem habitual. Em certos casos, estas outras cores se combinam com as que nos são familiares, a ponto de duas superfícies, que à visão ordinária parecem idênticas, revelam-se diferentes à visão etérica.

Ao químico dotado de visão etérica se abria um mundo completamente novo à sua observação, e ele poderia manipular substâncias etéricas como agora manipula gases ou líquidos.

Pertencentes ao reino mineral há muitas substâncias etéricas, cuja existência é desconhecida para a ciencia ocidental. Na Primeira Ronda, até os corpos dos seres humanos eram formados de matérica etérica apenas, e pareciam nuvens vagas, flutuantes e quase informes.

A visão etérica permitir-nos-ia determinar se nossa circunvizinhança é sã ou não; poderiamos, graças a ela, descobrir os germes de doenças e outras impurezas.

Os efeitos salutares das viagens se devem, em parte, à mudança de influências etéricas e astrais, peculiares a cada localidade ou distrito.

O oceano, a montanha, a floresta, a cascata, possuem cada um seu tipo especial de vida, astral ou etérica, assim como a visível ou física, e por conseguinte, têm suas impressões e influências próprias.

Muitas dessas entidades invisíveis difundem a vitalidade; de diversas maneiras, as vibrações que elas dão origem, despertam regiões adormecidas dos duplos etéricos humanos, bem como dos corpos astrais e mentais. E' como o efeito que se obtém ao fazer trabalhar músculos geralmente deixados em inatividade; efeito a princípio bastante fatigante, porém, no fim, benéfico e desejável. Por essas razões, remar ou nadar, por exemplo, sobretudo no mar, tem valor especial.

Há um fundo de verdade na tradição de que é vigorizante dormir sob um pinheiro, com a cabeça para o norte, pois as correntes magnéticas, dirigidas sob suave pressão à superfície da terra, deslindam gradualmente as confusões locais e, fortificando as moléculas do corpo astral e do duplo etérico, proporcionam repouso e calma.

As radiações do pinheiro tornam o homem sensível às correntes magnéticas. Além disso, a árvore desprende, sem cessar, uma vitalidade que se encontra precisamente em condições de ser facilmente assimilada pelo homem.

Existe uma espécie de maré magnética, um fluxo e refluxo de energia magnética entre o Sol e a Terra, cujos pontos de mudança são ao meio dia e à meia-noite.

As grandes correntes etéricas, em sua incessante passagem pela superfície da terra, de um pólo a outro, possuem um volume que torna sua potência tão irresistível quanto a da maré ascendente. Ora, há métodos que permitem utilizar sem perigo essa prodigiosa energia, embora tentativas imprudentes para se apoderar dela apresentem grande perigo.

E' igualmente possível utilizar-se a enorme força da pressão etérica.

Ademais, ao transformar matéria grosseira em outra mais sutil, a vasta reserva de energia potencial dormente pode ser liberada e empregada, assim como a energia calórica latente pode ser liberada por u'a modificação nas condições da matéria visível.

Invertendo-se o processo de que falamos, é possível fazer passar a matéria do estado etérico para o sólido, e assim produzir um fenômeno de materialização.

Esta faculdade é às vezes utilizada em certos casos urgente, em que o homem em corpo astral, um "auxiliar invisível", tem necessidade de agir sobre a matéria física. Para isso, é preciso que ele seja capaz de um esforço contínuo de concentração. Se deixa o pensamento relaxar, por meio segundo, a substância da forma materializada voltará instantaneamente ao seu estado primitivo.

Se um objeto físico, após ter passado à condição etérica, puder voltar à sua forma antiga, é porque a essência elemental foi mantida na mesma forma: com a supressão da energia mental, a essência desempenha o papel de um molde, ao qual vêm de novo se juntar as partículas solidificantes.

Todavia, se um objeto sólido é levado ao estado gasoso por meio do calor, a essência elemental constituinte do objeto se dissolve. Não que a essência em si possa ser afetada pelo calor, mas porque, após a destruição de seu corpo temporário sólido, ela volta ao seu grande reservatório planetário.

Da mesma forma, os princípios superiores do homem, sobre os quais nem o calor nem o frio têm a menor ação, são expulsos do corpo físico, quando este é destruido pelo fogo.

Assim, nada impede de reduzir um objeto físico à condição etérica, depois transportá-lo de um lugar a outro, mesmo através da matéria sólida, por exemplo, um muro de tijolos, por uma corrente astral, e isto muito rapidamente. Com a retirada da enérgia desintegrante, a pressão etérica obriga a matéria a retomar sua condição primitiva.

Na maioria dos casos, ao tornar-se alguém etericamente mais sensitivo, além do aumento de sua visão, há uma modificação correspondente e simultânea nos demais sentidos. Daí a afirmação dos astrólogos de que as influências planetárias, ao dilatarem ou congestionarem a atmosfera etérica, tornam as condições para a meditação mais favoráveis no primeiro caso e menos no segundo.

O efeito da visão etérica difere por completo do da visão astral, pois nesta intervém um elemento inteiramente novo, freqüentemente denominado "quarta dimensão".

Com a visão astral um cubo, por exemplo, é visto achatado, e são visíveis todas as suas faces externas e partículas internas. Ao passo que com a visão etérica, apenas se vê *através* dos objetos, e a espessura da matéria através da qual se observa afeta apreciavelmente a nitidez da visão. Tais condições em nada afetam a visão astral.

A palavra "através" empregada por W. T. Stead ao referir-se à visão quadri-dimensional, exprime perfeitamente o que se entende por visão etérica, mas não por visão astral.

A visão etérica pode ainda servir para aumentar os objetos. O método consiste em transferir diretamente ao cérebro etérico as impressões da matéria etérica da retina. Pela concentração da atenção sobre uma ou várias partículas etéricas, o órgão empregado e o diminuto objeto examinado adquirem dimensões semelhantes.

Um método mais comum, porém que exige desenvolvimento superior, consiste em projetar do centro do chakra situado entre os supercílios, um tubo flexível de matéria etérica, tendo em sua extremidade um átomo que serve de lente. Tal átomo deve ter suas sete espirilas plenamente desenvolvidas. Pode-se dilatar ou contrair o átomo à vontade. Como esta faculdade pertence ao corpo causal, é preciso, quando a lente é formada por um átomo etérico, a intercalação de um sistema de contrapartes refletoras.

Este mesmo poder comporta uma extensão: o operador pode então, concentrando a consciência no foco amplificador, projetá-lo ao longe.

Disposição diferente permite diminuir, e assim perceber, um objeto grande demais para ser visto imediatamente pela vista comum.

Simboliza este poder a pequena serpente que se projeta do centro frontal da mitra do antigo Faraó do Egito.

É do tipo etérico grande parte da clarividência demonstrada pelas entidades que se manifestam nas sessões espiritistas, lendo trechos de algum livro fechado.

Uma das variedades de telepatia é de tipo etérico, e pode tomar uma de duas formas: Na primeira se cria uma imagem etérica, que pode tornar-se visível a um clarividente; na segunda, as ondas etéricas geradas pela imagem criada irradiam e, ao chocar-se em outro cérebro etérico, tendem a reproduzir nele a mesma imagem.

A glândula pineal é o órgão do cérebro utilizado para a transferência do pensamento, tanto para a sua transmissão como recepção. Quando alguém pensa insistentemente numa idéia, produzem-se vibrações no éter, nas quais impregnam a glândula, estabelecendo nela uma corrente magnética, que lhe suscita um ligeiro estremecimento ou sensação de arrepio. Esta sensação indica que o pensamento está claro e é suficientemente forte para ser transmitido. Na maioria das pessoas, a glândula pineal não está ainda plenamente desenvolvida, o que se dará no decurso da evolução.

Os estudantes de ocultismo conhecem um processo de arquear e reverter os raios de luz, de maneira que, depois de circundar um objeto, possam retomar exatamente o seu curso anterior. Isto, naturalmente, torna invisível à vista comum o objeto circundado pelos raios de luz. Pode-se admitir que este fenômeno resulta do poder de manipular a forma particular de matéria etérica que serve de veículo para a transmissão da luz.

CAPÍTULO XXIII

MAGNETIZAÇÃO DE OBJETOS

O magnetismo ou fluido vital do homem pode servir não só para mesmerizar ou curar seus semelhantes, como para impregnar de maneira análoga os objetos físicos.

De fato, todo objeto em contato imediato com um indivíduo absorve o magnetismo deste último e, por conseguinte, tende a despertar, na pessoa que o usa, os mesmos sentimentos ou os mesmos pensamentos de que está impregnado.

Isto explica naturalmente, pelo menos em parte, a ação dos talismãs, dos "amuletos" e das reliquias, como também os sentimentos de devoção e religioso respeito, que às vezes emanam literalmente das paredes das velhas igrejas e catedrais, em que cada pedra, verdadeiro talismã cumulado de veneração e de piedade do construtor, foi consagrado pelo bispo e reforçado pelas formas-pensamento devocionais de sucessivas gerações durante milhares de anos.

O processo jamais se interrompe, embora poucas pessoas sejam conscientes disto. Assim, por exemplo, os alimentos tendem a absorver o magnetismo das pessoas que o manipulam ou deles se aproximam. Daí o verdadeiro motivo das regras severas observadas pelos hindus, que evitam comer em presença de pessoas pertencentes a uma casta inferior, ou nada consomem que tenha sofrido o magnetismo da mesma.

Para o ocultista, a pureza magnética é tão importante quanto a limpeza física. Alimentos como o pão e as massas são particularmente suscetíveis de absorver o magnetismo da pessoa que os prepara, pois é pelas mãos que o magnetismo se escoa com maior intensidade.

Felizmente a ação do fogo, na cocção, suprime a maior parte das variedades de magnetismo físico.

Certos estudantes de ocultismo, a fim de impedir, tanto quanto possível, qualquer mistura magnética, procuram servir-se à mesa exclusivamente de seus próprios utensílios, e não permitem, também, que pessoa alguma lhes corte o cabelo sem que seu magnetismo tenha recebido sua aprovação.

A cabeça é naturalmente a região do corpo em que o magnetismo de outrem exerceria a pior influência.

Os livros, sobretudo os de bibliotecas públicas, tendem a impregnar-se de todas as espécies de magnetismos.

As pedras preciosas, que representam o que o reino mineral produziu de mais perfeito, são muito suscetíveis de receber e reter impressões.

Muitas jóias estão saturadas de sentimentos de invejas e de cobiça, principalmente algumas célebres jóias históricas, que estão impregnadas de emanações físicas e outras associadas com crimes perpetrados para adquirí-las. Tais jóias conservam estas impressões durante milhares de anos, de sorte que os psicometristas podem vê-las enredadas em quadros de indizível horror. Por este motivo muitos ocultistas desaconselham, regra geral, o uso de jóias.

Por outro lado, as jóias podem ser reservatórios de influências boas e desejáveis. Assim, as jóias gnósticas, empregadas há dois mil anos nas cerimônias iniciáticas, conservam, até hoje, sua poderosa eficácia magnética. Alguns escaravelhos egípcios também a conservam, embora sejam muito mais antigos que as jóias gnósticas.

O dinheiro — em moeda ou em notas — está freqüentemente carregado de magnetismo extremamente desagradável. E não somente está carregado de todas as espécies de magnetismo, mas, além disso, está impregnado dos pensamentos e sentimentos das pessoas que o manusearam.

A pertubação e a irritação que derivam disso, para os corpos astral e mental, foram comparadas aos efeitos produzidos pelo bombardeamento das emanações de rádio sobre o corpo físico.

As moedas de cobre e de bronze, assim como as notas velhas e sujas, apresentam os maiores inconvenientes. O niquel conserva as influêncas perniciosas menos que o cobre; a prata e o ouro, ainda menos.

Citemos ainda as roupas de cama, como exemplo da maneira pela qual os objetos físicos absorvem e espalham influências magnéticas. Muitas pessoas têm observado que, freqüentemente, os sonhos penosos tinham por causa a utilização de travesseiro que fora usado por pessoa pouco recomendável. Se se usar lã, seja como cobertor, seja como roupa, nunca deixá-la em contato imediato com a pele, pois a lã é saturada de influências animais.

Para preparar metodicamente um talismã, é preciso, em primeiro lugar, limpar todo o objeto de sua atual matéria etérica, fazendo-o atravessar uma película de matéria etérica especialmente criada por um esforço de vontade. Com o desaparecimento da antiga matéria ou magnetismo, o éter ordinário da atmosfera ambiente toma o seu lugar, pois existe uma pressão etérica que corresponde à pressão atmosférica, porém infinitamente mais poderosa.

Age-se semelhantemente com as matérias astral e mental; o objeto torna-se então, por assim dizer, uma folha branca sobre a qual se pode escrever o que se quiser. O operador, então, colocando sua mão direita sobre o objeto, carrega-o das qualidades especiais que deseja comunicar ao talismã. Um ocultista experimentado pode fazer isto tudo quase instantaneamente, por um poderoso esforço de vontade; outros necessitarão de muito mais tempo.

O processo anterior prepara um talismã do tipo *geral*. Talismã *adaptado* é o especialmente carregado para atender às necessidades de um indivíduo particular; é uma espécie de receita individual ao invés de um tônico geral. Talismã com *alma* é o destinado a conservar-se como fonte de radiação durante séculos.

Destes últimos há duas variedades. Numa se coloca no talismã um fragmento de um mineral superior, o qual emite uma corrente continua de particulas carregadas com a força acumulada no talismã. O trabalho de distribuição é feito pelo mineral, que desta maneira economiza a força.

Na segunda variedade se dispõem os ingredientes de maneira que servem como de meio de manifestação para uma certa categoria de espíritos da natureza sem desenvolvimento, os quais proporcionam a energia necessária para irradiar a influência. Tais talismãs podem durar milhares de anos, com intenso prazer para os espíritos da natureza e grande benefício para aqueles que se aproximarem do centro magnetizado.

Talismã *vinculado* é o magnetizado de maneira a pô-lo e mantê-lo em estreita *ligação* com quem o preparou, a fim de que se converta numa espécie de posto avançado de sua consciência. Graças a este vínculo, o usuário do talismã pode enviar um pedido de ajuda ao seu preparador, ou este pode emitir-lhe uma corrente de influência por meio do mesmo talismã. Este tipo de talismã facilitaria o que a Ciência Cristã chama "tratamento à distância".

Em casos raros se pode ligar um talismã físico ao corpo causal de um Adepto, tal qual se fez com os talismãs enterrados em vários paises por Apolônio de Tiana, há uns 1900 anos, para que a força irradiada pelos mesmos preparasse esses lugares como centros de grandes acontecimentos no futuro. Alguns destes centros já têm sido utilizados, e outros o serão num futuro próximo, em conexão com a obra do Cristo que há de vir.

Importantes santuários são, em geral, erigidos no lugar onde viveu algum santo ou se deu algum acontecimento notável, como uma Iniciação, ou onde haja relíquias de um grande personagem. Em todos os casos, foi criado um centro de influência magnética poderosa, que persistirá durante milhares de anos.

Mesmo que a "relíquia" não seja muito potente, ou não seja autêntica, os sentimentos de devoção que desde séculos lhe foram tributados por inumeráveis peregrinos, fariam desta localidade um centro ativo de irradiação benfazeja. A influência de todos esses lugares sobre os visitantes e peregrinos é incontestavelmente boa.

Como já mencionamos, as pedras preciosas são naturalmente adequadas para se fazer delas talismãs ou amuletos. O fruto *rudraksha* com o qual os hindus freqüentemente fabricam colares, presta-se eminentemente à magnetização, para favorecer o pensamento espiritual ou a meditação, afastando as influências perturbadoras. As pérolas fornecidas pela planta chamada *tulsi* são outro exemplo, embora a influência desenvolvida por elas tenha caráter um pouco diferente.

Categoria interessante de talismã é a dos objetos fortemente odoríferos. As gomas do incenso, por exemplo, podem ser incluídas entre as que favorecem o pensamento espiritual e piedoso.

E' possível também combinar ingredientes de propriedades inversas, como o faziam algumas vezes as feiticeiras da Idade Média.

Um ocultista experimentado nunca deixa de comunicar influências benfazejas a todos os objetos que passam de sua mãos para outras, tais como cartas, livros ou objetos. Por um simples esforço de vontade, ele pode carregar também uma mensagem datilografada de maneira mais eficaz do que o faria, inconscientemente, escrevendo à mão, uma pessoa ignorante destas verdades.

Um ocultista instruído pode ainda, com um simples movimento de mão acompanhado de um pensamento enérgico, desmagnetizar quase instantaneamente os alimentos, roupas, apartamentos, etc.

Semelhante desmagnetização, embora expulse o magnetismo provindo de influência exterior, não afeta o magnetismo inerente aos objetos, como, por exemplo, as vibrações desagradáveis próprias à carne, que nem mesmo a cocção pode destruir.

Para facilitar a desmagnetização de habitações, etc., pode-se queimar incenso ou fazer aspersões de água, submetendo primeiro o incenso ou a água ao processo recomendado para fazer talismãs.

Deve-se ter também em mente que, como a matéria física do homem está em contato muito íntimo com a astral e mental, a aspereza ou grosseria no veículo físico implica quase necessariamente numa condição correspondente nos demais veículos. Daí a grande importância para o ocultista da limpeza tanto física como magnética ou etérica.

A "água benta", em uso em certas igrejas cristãs, oferece exemplo notável de magnetização, visto que a água se carrega prontamente de magnetismo. As instruções dadas no rito romano explicam claramente que o padre deve primeiramente "exorcizar" o sal e a água, isto é, purificá-los de todas as más influências; depois, fazendo o sinal da cruz, deve abençoar os elementos, isto é, verter neles o seu próprio magnetismo, com a intenção de expulsar deles todos os pensamentos e sentimentos maus.

E' bom notar que o sal contém cloro, elemento "ígneo"; daí que a água, o grande dissolvente, em combinação com o fogo, grande consumidor, seja de grande eficácia como agente purificador.

Idéias precisamente semelhantes envolvem outras cerimônias da Igreja cristã, como o batismo, em que se benze a água e se faz o sinal da cruz sobre ela; a consagração das Igrejas e dos túmulos, dos vasos do altar, dos ornamentos sacerdotais, dos sinos, do incenso; na confirmação, na ordenação dos padres e na consagração dos bispos.

Na Eucaristia, o vinho exerce poderosissima influência sobre os níveis astrais superiores, enquanto a água emite mesmo vibrações etéricas.

No batismo da Igreja católica liberal, o sacerdote faz o sinal da cruz sobre a testa, a garganta, o coração e o plexo solar da criança. Isto abre os chakras etéricos correspondentes, de maneira que se expandem até o tamanho de uma pequena moeda, e depois começam a brilhar e a girar como nos adultos.

Além disto, a água magnetizada, ao tocar a fronte, faz vibrar com violência a matéria etérica, estimula o cérebro e, por meio do corpo pituitário, afeta o corpo astral, e a seguir, por este, o corpo mental.

Mais tarde, o sacerdote, ao ungir o alto da cabeça, com a crisma, transforma o chakra em uma espécie de peneira, que rejeita as influências, sentimentos ou partículas mais grosseiros, enquanto que, por um esforço de vontade, fecha os quatro centros que foram abertos.

Na confirmação, o efeito produzido no princípio átmico refletem no duplo etérico.

Na ordenação de um sacerdote, o escopo é abrir a comunicação entre os princípios superiores e o cérebro físico. A bênção inunda o cérebro etérico, para que flua para cima pelo corpo pituitário, que é o ponto de mais estreita junção entre os corpos físicos denso, etérico e astral.

A unção feita pela crisma sobre a cabeça de um bispo destina-se a influenciar o *brahmarandra chakra*, ou centro coronário, de tal forma que, em vez da depressão como de um pires, se torne parecido com um cone saliente, tal qual se nota muitas vezes nas estátuas do Senhor Buda.

A ordenação de um clérigo tem por objeto, sobretudo, agir sobre o corpo etérico; a do porteiro, sobre o astral; a do leitor, o mental, e a do exorcista, sobre o corpo causal.

Ao ser ordenado, o exorcista recebe uma assistência que lhe permite fortalecer seu poder curador.

Houve outrora, parece, um costume (origem do atual processo romano de ungir os órgãos dos sentidos) que consistia em selar todos os chakras no corpo do agonizante, para impedir que depois entidades más se apossassem do cadáver e dele se servissem para práticas de magia maligna.

E' provável que muitas afeções nervosas possam ser melhoradas com óleo consagrado, assim como curadas muitas enfermidades etéricas por meio da "Unção".

No báculo de um Bispo, em cujo remate curvo se acham jóias engastadas, a energia etérica irradiada pelas jóias é tão pronunciada, que não é de se surpreender se efetuem curas ao simples contato do báculo.

Os alquimistas medievais também empregavam métodos algo semelhantes, ao usarem espadas, drogas, etc., magnetizadas. Nos Antigos Mistérios, o tirso era um bastão fortemente magnetizado, que se aplicava à coluna vertebral do candidato, para transferir-lhe algo do magnetismo de que o bastão estava carregado.

CAPÍTULO XXIV

O ECTOPLASMA

Ectoplasma (do grego *ektos,* exterior, e *plasma,* molde; isto é, "modelado fora do corpo") é o nome dado à matéria quase toda etérica, senão inteiramente, que se desprende ou exsuda do médium e se emprega na manifestação de fenômenos espiritistas.

O falecido doutor em Ciências naturais, W. J. Crawford, descreve em seus livros — *The Reality of Psychic Prenomena* (1916), *Experiments in Psychical Science* (1918), e *Psychic Structures* (1921) — as minuciosas e magistrais pesquisas por ele empreendidas sobre fenômenos de levitação e pancadas de mesa. Os desejosos de maiores detalhes poderão encontrá-los nesses livros; aqui podemos dar apenas um breve resumo de tais estudos, no que se relacionam com o nosso tema.

Durante todas as experiências, a médium esteve plenamente consciente.

O Dr. Crawford encarou os problemas de levitação de mesa, etc., como simples problemas de mecânica, e valendo-se de dispositivos registradores de energia, tanto mecânicos como elétricos, conseguiu descobrir, por dedução de suas observações, o *modus operandi* das "estruturas psíquicas" empregadas. Numa etapa bem posterior, ele pôde comprovar suas deduções por visão direta e fotografias, como se exporá a seu devido tempo.

Em suma, verficou-se que o ectoplasma exsudado da médium era preparado e modelado em "hastes" (como ele as denomina) pelos "operadores" que controlam a produção dos fenômenos. Estas hastes ou barras ficam ligadas numa extremidade à médium, e na outra, por sucção, às pernas da mesa ou a outros objetos. Ao aplicar-se a energia psíquica através das hastes, as mesas ou outros objetos se moviam em vários sentidos, sem que tivessem nenhum contato puramente físico com qualquer das pessoas presentes. Se as hastes batiam no soalho, mesa, campainhas, etc., produziam pancadas ou muitos outros ruidos.

A maior parte do ectoplasma se obtém comumente da médium, embora seja suplementado por uma pequena porção extraída de todos ou da maioria dos presentes à sessão.

Conquanto completamente invisível à vista comum, o ectoplasma pode, às vezes, ser perceptível ao tato. E' descrito como viscoso, reptílico, frio, quase oleoso, como se a atmosfera estivesse impregnada de partículas de matéria morta e desagradável.

O diâmetro das extremidades das hastes psíquicas projetadas da médium pode variar entre 12 milimetros e 22 centímetros. A sua extremidade livre parece capaz de assumir várias formas e graus de rijeza: planas ou convexas, circulares ou convexas; e macias como carne tenra ou rijas como ferro. O tronco da haste é tangível à beira de algumas polegadas da extremidade livre, mas daí para a outra extremidade se torna intangível, embora resista, puxe, empurre, tosquie e vergue.

No entanto, na parte intangível se sente um fluxo de partículas frias, semelhantes a esporões, emanadas da médium. Parece haver razão para crer que, em alguns casos, embora não em levitações, há uma completa circulação de matéria etérica saindo da médium e retornando a ela por outra parte do seu corpo. A pedido, pode-se variar a condição da extremidade da haste quanto ao seu tamanho e rijeza. As hastes compridas são geralmente macias na extremidade, e as curtas, mais densas e duras.

Crawford acha provável que as hastes consistam de feixes de fios delicados, intimamente unidos e aderidos entre si. A energia psíquica segue os fios e dá ao conjunto a rigidez de uma viga, que pode então ser deslocada à vontade pelas energias postas em ação no corpo da médium.

Certas experiências fazem pensar que a extremidade de uma haste consiste numa película espessa, ou mais ou menos elástica, esticada sobre uma armação delgada, um pouco denteada e elástica.

A elasticidade desta película é limitada; submetida a um esforço excessivo, ela pode romper-se; a moldura denteada fica então exposta.

O fato de um electroscópio poder ser descarregado se for tocado por uma haste, prova que esta desempenha o papel de condutor de corrente elétrica de alta tensão, que se descarrega no solo pelo corpo do médium ao qual se encontre ligada.

Por outro lado, uma haste colocada através das terminais de um circuito de campainhas, não as faz soar, mostrando assim que ela opõe grande resistência a uma corrente de baixa tensão.

A luz branca destrói comumente as formações de hastes: mesmo os raios luminosos refletidos de uma superfície onde se aplique força psíquica, interferem nos fenômenos. A luz vermelha, no entanto, se não for demasiado forte, parece não prejudicar a estrutura psíquica; nem tampouco a danifica a luz emanada de pintura luminosa que se haja exposto ao sol durante algumas horas.

As estruturas são, em geral, inteiramente invisíveis. embora às vezes seja possível entrevê-las. Já se tem conseguido fotografá-las à luz de magnésio, mas é preciso tomar precauções com a médium, a fim de poupá-la. A luz de magnésio, ao atingir o ectoplasma, provoca na médium um choque muito mais violento quando a estrutura está em ação, do que no caso oposto.

As numerosas fotografias obtidas confirmam, em todos os detalhes, as conclusões tiradas dos próprios fenômenos.

A rigidez de uma haste varia conforme a iluminação. A extremidade dura funde-se parcialmente, por assim dizer, quando a haste é exposta à luz.

O deslocamento de objetos pela força psíquica, obtém-se de duas maneiras principais. Na primeira, uma ou diversas hastes saem do médium, o mais das vezes pelos pés ou pelos tornozelos, e outras, pela região inferior do tronco, e são aplicadas diretamente ao objeto que deve ser deslocado, formando modilhões. Se as mesas se deslocam horizontalmente, as hastes em geral se fixam aos seus pés; se são levantadas, a haste ou hastes se alargam em suas extremidades, como cogumelos, e fixam-se à superfície inferior da mesa.

No segundo método, a haste ou hastes projetadas do médium aderem ao solo, e do ponto da aderência continuam até o objeto a ser movido. Não formavam mais um modilhão, mas algo semelhante a uma alavanca de primeira categoria", cujo Fulcro está entre a Resistência e a Potência.

As hastes podem ser retas ou curvas; podem ainda ficar suspensas no ar, rígidas, mostrando assim que para conservar a rigidez elas não têm necessidade de se apoiar sobre corpos materiais.

No caso em que é posto em ação o método do modilhão (1.º método), todo esforço mecânico é transferido ao médium, ou mais exatamente, a maior parte deste esforço; parte bem menor cabe aos assistentes.

E' possível verificar-se isto por aparelhos mecânicos ordinários, tais como as balanças de molas e outras. Se u'a mesa, por exemplo, for levantada inteiramente por meio do modilhão, produzirá aumento do peso do médium de cerca de 95 por cento do peso da mesma e o dos assistentes aumentará proporcionalmente.

Se, por outro lado, as hastes são aderidas ao solo, o peso da mesa levantada se transmite diretamente ao solo, e o peso do médium, em lugar de aumentar, *diminui*. Esta diminuição é devida ao peso do ectoplasma formador da hastes, uma de cujas extremidades se apóia no solo.

Quando a força transmitida por uma haste é para manter um objeto, como u'a mesa, solidamente fixo ao solo, a diminuição do peso do médium, após as observações, tem atingido até 18 quilos. Noutra ocasião, em que a estrutura ectoplástica não foi utilizada, o peso do médium diminui de 27 quilos, ou seja, quase a metade de seu peso normal.

Os modilhões são geralmente empregados para mover ou levantar objetos leves, porém, quando estes são pesados, ou quando se trata de transmitir uma força considerável, as hastes são fixadas ao solo, produzindo o dispositivo em alavanca. A força empregada atinge muitas vezes a 50 quilos.

Durante a levitação de objetos, a tensão suportada pelo médium manifesta-se freqüentemente pela rigidez, até à rigidez férrea, dos músculos, principalmente dos braços ou mesmo de todo o sistema muscular. Estudos ulteriores revelaram a Crawford que a rigidez muscular havia desaparecido inteiramente.

A produção desses fenômenos parece dar como conseqüência perda permanente de peso, tanto do médium como dos espectadores, porém que não ultrapassa algumas onças (onça = 28,35 grs.) Os assistentes podem perder mais peso do que o médium.

Em geral, quando se coloca um objeto material qualquer dentro do espaço ocupado pela haste, a comunicação entre esta e o médium é imediatamente interrompida e a haste se desintegra.

Entretanto, um objeto delgado como um lápis pode passar impunemente através da parte vertical da haste, porém não através da parte que se encontra entre o médium e a mesa. A interferência nesta última parte pode lesar fisicamente o médium.

Para que uma haste possa tocar ou aderir ao solo ou a u'a mesa, sua extremidade deve ser preparada de modo particular para que fique mais densa do que o resto da haste. Isto parece difícil, ou pelo menos exige tempo e força; por conseguinte, os pontos a agarrar devem ser sempre reduzidos ao mínimo.

O sistema de agarrar é por sucção, como se pode fàcilmente demonstrar pela argila mole, de que falaremos adiante. Às vezes, escutam-se "aspiradores" escorregando pela superfície da madeira ou agarrando novos pontos.

Crawford apresenta numerosos exemplos (e também fotografias) de impressões produzidas pelo contato das hastes sobre massa e argila mole. Estas impressões, muitas vezes, assinalam marcas parecidas com o tecido das meias do médium. No entanto, a semelhança é superficial, pois não se pode produzir tais impressões apoiando sobre a argila um pé revestido de meia.

A impressão feita pela haste é muito mais nítida do que a que se poderia conseguir pelos meios ordinários; parece-se com a que se obteria, se uma matéria fina e viscosa, estendida sobre o tecido da meia e depois de seca, tivesse sido em seguida comprimida contra a argila.

Ademais, pode-se modificar muito a marca de fabricação da meia, e o delicado modelo e o traçado dos fios podem ser deformados, engrossados, parcialmente recobertos ou rompidos, conquanto permaneçam ainda reconhecíveis como os mesmos da marca do tecido.

Pode-se deduzir que o ectoplasma primeiramente apresenta-se em estado semilíquido, que passa através e ao redor dos intervalos do tecido e coagula-se na parte externa da meia. E' de natureza glutinosa e fibrosa, e a forma que toma é quase exatamente a do tecido. Depois se estira da meia e se envolve na extremidade da haste. Para produzir uma impressão extensa, a película é engrossada e reforçada por nova adição de substância materializante. Assim a impressão original pode ser torcida, deformada ou apagada parcialmente.

A haste pode também reproduzir a impressão dos dedos, embora seu tamanho possa não corresponder à dos dedos normais, e seus contornos podem ser muito mais nítidos ou mais regulares do que os obtidos pelas impressões digitais ordinárias.

Golpes, indo dos mais leves até os executados com a força de um martelo, outros ruidos ainda, podem ser produzidos por hastes semi-flexíveis, com extremidades adequadamente preparadas, com as quais se batem nos objetos materiais.

A produção dos golpes é acompanhada de diminuição de peso do médium; esta diminuição, que pode ser de dez ou mais quilos, parece ser diretamente proporcional à intensidade do golpe.

A razão é evidente; as hastes são formadas da matéria tirada do corpo do médium, o choque desta matéria contra o solo, etc., transfere necessariamente a este, através da haste, uma parte do peso total do médium. A perda de peso é temporária, mas restabelece-se quando a matéria das hastes volta ao médium.

A produção de golpes determina no médium uma reação mecânica, como se ele fosse empurrado para trás ou golpeado. A reação pode-se traduzir por movimentos involuntários dos pés. Entretanto, o efeito sentido pelo médium não se parece em nada com o que lhe é causado pela levitação de objetos.

Os golpes violentos produzidos por uma haste de grande tamanho não são, em geral, dados rapidamente. Ao contrário, os golpes leves, produzidos em geral por uma ou várias hastes finas, podem ser produzidos com incrível rapidez; os "operadores" parecem perfeitamente senhores das hastes.

Em geral a produção destes fenômenos impõe certa tensão a todos os assistentes, como o demonstram as sacudidas espasmódicas, algumas vezes muito fortes, que todas as pessoas do círculo fazem sucessivamente, antes da levitação.

A separação e a retirada de matéria etérica dos corpos dos assistentes parecem operar-se por sacudidas, e até certo ponto todos são afetados.

Segundo W. J. Crawford, uma entidade que disse ter sido médico quando em vida, falando pelo médium (em estado de transe para este efeito), declarou que na produção dos fenômenos, eram empregadas duas espécies de substâncias: uma era tirada em quantidade bastante grande, do médium e dos assistentes, e era-lhes restituida, quase integralmente, no fim da sessão. A outra só podia ser tirada do médium e, como se compõe da substância mais vital das células nervosas, não podia ser extraída senão em quantidade mínima, sem o que o médium teria que sofrer más conseqüências; sua estrutura é destruida no fenômeno; ela não pode, pois, ser restituida ao médium. Esta afirmação não foi nem verificada nem confirmada, de maneira alguma; damo-la pelo que vale.

W. J. Crawford imaginou e empregou com grande sucesso o "método dos corantes" para traçar os movimentos do ectoplasma. Possuindo este a faculdade de aderir fortemente à uma substância como o carmim pulverizado, põe-se este corante em seu caminho, o que dá em resultado uma pista corada.

Descobriu-se, assim, que o ectoplasma saía da parte inferior do tronco do médium e tornava a entrar pela mesma região. Sua consistência era bastante grande, pois tem força para rasgar meias e outras roupas; algumas vezes, ele arranca fios inteiros da meia, de várias polegadas de comprimento (polegada = 25,30 mm), leva-os e deposita-os num recipiente de argila colocado a certa distância dos pés do médium.

O ectoplasma desce ao longo das pernas e penetra nos sapatos; passa entre a meia e a sola, onde houver espaço suficiente. Se, pelo caminho, apoderou-se do pó corado, ele o deposita em todos os pontos em que o pé, a meia e o calçado estão em estreito contato, isto é, onde não encontra lugar para passar.

A solidificação e a desmaterialização da extremidade resistente de uma haste, efetuam-se logo que a haste sai do corpo do médium. E' este o motivo por que a extremidade livre da haste, a não ser que seja muito fina, não pode atravessar um tecido serrado e até uma grade metálica de malha de uma polegada, se esta está colocada a mais de uma ou duas polegadas adiante do médium. Entretanto, se esses anteparos se encontrarem muito perto do corpo, pode-se dar uma materialização imperfeita da extremidade da haste, e produzir fenômenos psíquicos limitados.

A saída do ectoplasma é acompanhada de fortes movimentos musculares em todo o corpo. As partes carnudas do corpo, sobretudo as que estão situadas abaixo da cintura, diminuem de volume, como se a carne se encolhesse.

W. J. Crawford está convencido de que na produção dos fenômenos espíritas, duas substâncias, pelo menos, são empregadas: 1.º — um elemento que forma a base da estrutura psíquica; é invisível, impalpável, e, falando de modo geral, ultrapassa a ordem física; 2.º — uma substância brancacenta, translúcida e nebulosa, misturada à primeira, a fim de que esta possa agir sobre a matéria física.

A segunda, pensa Crawford, é muito provavelmente idêntica à substância empregada nos fenômenos de materialização.

Numerosos fenômenos de materialização encontram-se descritos com extrema e escrupulosa minúcia, característica das pesquisas germânicas, na importante obra intitulada: *Fenômenos de Materialização* do barão von Schrenck Notzing (1913), e traduzida para o inglês por E.E. Fournier d'Albe D. Sc. (1920).

Além das descrições detalhadas de sessões e de numerosos fenômenos, encontram-se aí cerca de duzentas fotografias de formas materializadas ou de aparições as mais diversas, desde fios ou massas de ectoplasma, até rostos inteiramente formados. Vamos resumir as principais conclusões. Para facilitar nossa tarefa, tomamos longos trechos de uma conferência sobre a fisiologia supranormal e os fenômenos ideoplásticos, pelo Dr. Gustavo Geley, psicólogo e médico francês, reproduzida no fim da obra do barão Notzing.

Do corpo do médium emana uma substância, a princípio amorfa ou polimorfa. Ela pode apresentar o aspecto de uma pasta dúctil, de verdadeira massa protoplásmica, espécie de géleia tremulante, de simples blocos, de fios delgados, de cordas, de raios estreitos e rígidos, de faixa larga, de membrana, de tecido, de rede dobrada e franjada.

A natureza filamentosa ou fibrosa dessa substância foi muitas vezes observada. Apresenta-se branca, negra, ou cinzenta; às vezes aparecem as três cores juntas: a branca é a talvez mais freqüente. Parece luminosa. Em geral parece ser inodora; no entanto desprende, às vezes, odor particular e impossível de ser descrito.

Parece não haver dúvida de que ela está sujeita à gravidade.

Ao tacto, ela pode mostrar-se úmida ou fria, viscosa ou glutinosa, mais raramente seca e dura. Quando se dilata, é suave e um pouco elástica; quando forma cordas, é dura, nodosa e fibrosa.

Pode-se senti-la passar sobre a mão como uma teia de aranha; os fios são ao mesmo tempo rígidos e elásticos. E' móvel, com um movimento rastejante como o de réptil, embora se mova às vezes brusca e rapidamente. Uma corrente de ar pode pô-la em movimento. Se for tocada, produz reação dolorosa no médium. E' de sensibilidade extrema; aparece e desaparece com a rapidez do relâmpago. E' particularmente sensível à luz, embora, no entanto, às vezes os fenômenos resistam à luz do dia. Pode-se fotografá-la à luz do magnésio, embora o súbito clarão produza um choque repentino no médium.

Durante a produção do fenômeno, a cabina em que se encontra o médium fica geralmente na obscuridade, porém as cortinas são muitas vezes abertas.

Fora da cabina, emprega-se a luz vermelha, e algumas vezes mesmo a luz branca, até a intensidade de cem velas.

A substância tem irresistível tendência à reorganização. Assume numerosas formas, às vezes mal definidas e não organizadas, porém o mais das vezes organizadas, formando dedos, inclusive as unhas, perfeitamente modelados; mãos, rostos e outras formas, todas completas.

A substância emana de todo o corpo do médium, mas especialmente dos orifícios naturais e das extremidades, do alto da cabeça, dos seios, da ponta dos dedos. O ponto de partida mais habitual e mais fácil de se verificar é a boca, a superfície interna das bochechas, as gengivas e o ceu da boca.

As formas materializadas têm certa independência; a mão, por exemplo, é capaz de mover os dedos e de segurar a mão do observador, embora a pele humana pareça às vezes repelir os fantasmas. As estruturas são, às vezes, menores do que as naturais, isto é, verdadeiras miniaturas. Observou-se que a traseira das materializações carecia de forma orgânica, não passando de uma massa de substância amorfa. As formas não contêm mais que o mínimo de substância suficiente para fazê-las aparecer como reais, e podem desaparecer tanto instantaneamente como aos poucos, por um desvanecimento gradativo. Vê-se claramente que durante todo o tempo as formas estão fisiológica e psiquicamente ligadas ao médium; a sensação reflexa das estruturas se confunde com a do médium. Assim, um alfinete cravado na substância causaria dor no médium.

A substância parece influenciável tanto pela direção geral da sessão como pelo tema dominante nos pensamentos dos assistentes. Além disso, o médium, geralmente em estado hipnótico, é extraordinariamente sensivel à influência da sugestão.

Fragmentos de formas materializadas foram recolhidos num prato de porcelana, e guardados.

Em certos casos descobriram-se fragmentos de pele, cuja origem humana foi reconhecida ao exame microscópico.

Noutra ocasião, encontraram-se três ou quatro centímetros cúbicos de um líquido transparente, que não continha bolha alguma. A análise revelou um líquido incolor, ligeiramente turvo, não viscoso, inodoro, levemente alcalino, deixando um precipitado brancacento. O microscópio demonstrou a existência de detritos celulares e saliva; a substância provinha evidentemente da boca.

Em outra ocasião, encontrou-se uma madeixa de cabelos louros, não se parecendo em nada com os cabelos negros do médium; a mão do observador estava coberta de muco e de humidade.

Além disto, encontram-se, algumas vezes, outras substâncias, tais como pós consméticos, ou fragmentos provenientes das roupas do médium.

CAPÍTULO XXV

CONCLUSÃO

Já é considerável a soma de informações atualmente acessíveis, tanto sobre o corpo etérico como sobre os fenômenos etéricos em geral. Não obstante, o estudante sério logo se apercebe ser muito mais vasto o campo de futuras pesquisas do que as pequenas áreas suas até agora exploradas.

Tendo em vista a íntima influência que a estrutura, nutrição e saúde do corpo etérico exercem tanto na saúde física como em seu funcionamento e no dos demais corpos com ele relacionados, é sem dúvida evidente que a pesquisa de toda a espécie de fenômenos etéricos conduzirá a descobertas de sumo interesse para a Ciência e enormes benefícios para o homem.

Ante nós se acham vários métodos para levarmos a cabo tais pesquisas. O primeiro deles é o da observação clarividente direta, em diferentes níveis. Diante do rápido progresso de certos setores culturais da raça humana, é provável que em futuro não muito distante serão numerosas as pessoas dotadas de faculdades etéricas.

As experiência do Dr. Kilner parecem indicar que essas faculdades, normalmente desenvolvidas no curso ordinário da evolução, podem ser estimuladas por meio de chapas, das quais fez uso, ou mesmo por outros métodos a serem ainda descobertos. O mesmerismo e o hipnotismo, um e outro, também poderiam, com todas as garantias necessárias, servir para despertar a faculdade etérica latente. O emprego da fotografia poderá, futuramente, alcançar grande difusão e importância, pois os sais que entram na composição das placas, são sensíveis a comprimentos de ondas e a intensidades luminosas que escapam à visão normal. Um outro método consiste no emprego de raios ultra-violetas, e é muito promissor. Para a sua aplicação, foi recentemente inaugurado um laboratório em Leeds, graças à iniciativa e à previdência de alguns membros da Sociedade Teosófica, ali residentes.

Os métodos adotados por W. J. Crawford poderiam muito bem ser novamente tentados por outros experimentadores, e fornecer resultados complementares aos já maravilhosos obtidos por esse hábil investigador.

Será conveniente a utilização de sessões espiritas para a obtenção de fenômenos de materialização, tais como os que foram conseguidos pelo barão von Notzing? A esse respeito, as opiniões naturalmente variam.

Geralmente, é muito admitido que os fenômenos desse gênero podem, facilmente, apresentar para o médium um sério perigo, tanto sob o ponto de vista físico, como sob outros; além disso, as materializações assim obtidas têm um caráter claramente repugnante. De outro lado, pode se retrucar que, se os médiuns consentem em sacrificar-se pelo interesse da Ciência, esta tem o direito de aceitar semelhantes sacrifícios. Além disso, a Ciência não leva em conta o caráter desagradável ou não, apresentado pelos fenômenos naturais. Todavia, é preciso reconhecer que, atualmente, os mais eminentes instrutores espirituais não aprovam as sessões de espiritismo. Ainda aqui seria possível replicar que, em épocas passadas, as virgens vestais, os adivinhos, os "profetas" e outros médiuns, foram amparados e aprovados pelas altas autoridades. Portanto, a este respeito não proporemos nenhuma conclusão dogmática.

As possibilidades de curar por meio do conhecimento dos fenômenos etéricos, parecem quase ilimitadas. Em muitas moléstias físicas, emocionais ou mentais, o emprego do tratamento vital ou magnético, como também do mesmerismo e do hipnotismo, se harmonizaria com o movimento geral das idéias neste sentido. O emprego do mesmerismo para produzir a anestesia, em caso de operações, etc., a fim de substituir o éter, o gás ou o clorofórmio, pareceria apresentar muitas vantagens.

E' lícito supor, também, que a ciência da Osteoplatia, combinada com o estudo dos centros de força e do fluxo vital no corpo humano, desse preciosos resultados.

As notáveis descobertas do Dr. Abrams, que parecem ter sido aceitas, pelo menos em parte, pelo corpo médico, afiguram-se capazes de conferir à humanidade atual, acumulada de males, benefícios quase incalculáveis. Embora, como julgamos, não pareçam totalmente provados, afigura-se-nos que os métodos empregados pelo sistema Abrams agem, direta ou indiretamente, sobre o corpo etérico e por meio dele.

O recente restabelecimento de práticas curativas em diversas Igrejas cristãs, a nosso ver, faz nascer grandes esperanças. Ora, é indubitável que esses métodos, não sendo de modo algum exclusivamente físicos, fazem, no entanto, até certo ponto, uso de matéria etérica.

Não obstante, as possibilidades de utilizar nossos conhecimentos relativos aos fenômenos etéricos ultrapassam o que havemos resumidamente indicado. Com efeito, parece mais que provável que um fator importante, e ainda quase desconhecido, no tratamento das moléstias e na conservação da saúde, deriva das propriedades etéricas dos medicamentos, das águas, dos gases, das emanações do solo e dos minerais, dos frutos, das flores e das árvores, independentemente de suas propriedades puramente físicas. Talvez um dia descubramos estações sanitárias, seja no interior das terras, seja à margem dos lagos e dos mares, cujas influências curativas dependam de suas propriedades etéricas.

A atenção recentemente prestada a um mais amplo emprego do Sol, tem estreita relação com o que sabemos a respeito da origem solar das emanações prânicas, sua difusão na atmosfera e sua absorção pelos seres vivos.

Um conhecimento mais profundo dos fenômenos etéricos e vitais pode produzir uma alteração radical de atitude, relativamente ao emprego, na medicina ou na alimentação, de substâncias que passaram pelos organismos animais ou dele derivam.

E' razoável supor que essas substâncias frágeis chamadas vitaminas, devam suas propriedades benfazejas à presença nelas, sob uma ou outra forma, do prâna, ou talvez ainda, à qualidade da matéria etérica nelas contida.

Se chegarmos a reconhecer que a vitalidade do corpo deriva, não dos alimentos, mas diretamente da atmosfera, o tratamento dietético das molestias poderá sofrer uma total mudança. Ao mesmo tempo, veremos o jejum, um processo curador, ser empregado muito mais correntemente. As pessoas conhecedoras da literatura concernente ao jejum, provavelmente sabem que muitos autores, tendo estudado esta interessante questão, já concluíram, de suas observações, que a relação entre a assimilação dos elementos nutritivos e a aquisição da energia vital está muito longe de ser simples ou direta.

Em geral, atualmente se admite que as curas pela eletricidade não produziram todos os resultados esperados. Um estudo mais completo dos fenômenos etéricos permitirá, sem dúvida, encontrarem-se melhores métodos de cura pela eletricidade. A associação da eletricidade e da matéria etérica (da qual é formado o duplo etérico) é um fenômeno que pode também encontrar precioso emprego.

Não seria exagêro afirmar que futuramente o corpo etérico, onde reside por assim dizer o princípio vital em seu aspecto físico, ocupará, neste assunto, um lugar igual ou maior do que o atualmente conferido ao corpo físico denso. A energia em conexão com o éter poderá, evidentemente, ser aplicada a diversos fins; é inútil insistir. Entretanto, o estudante de ocultismo se lembrará de uma advertência que lhes foi dada: não será permitido ao homem libertar energias quase incalculáveis, latentes na matéria atômica, sem a certeza de que serão empregadas para servir a causa do bem e não como meio de destruição. Infelizmente foi esta última aplicação que orientou, no passado, muitas descobertas científicas.

E' também evidente que o descobrimento dos estados etéricos da matéria vai abrir novos horizontes, tanto à química como à física. Ela poderá mesmo prestar serviços na fabricação de todos os produtos alimentícios, de condutores e isoladores elétricos, tecidos para roupas e muitas outras substâncias diariamente empregadas.

Finalmente, não só pelo seu valor intrínseco, mas também como passo prévio a mais altos conhecimentos, a aceitação da existência do corpo etérico pelos cientistas ortodoxos, e o estudo de sua constituição e funções (ousamos dizer que nem um nem outro tardará muito) poderão constituir sólidos fundamentos sobre os quais se erguerá, qual imensa superestrutura, o conhecimento das coisas ultrafísicas. Porque (adaptando e resumindo os parágrafos finais do livro *O Idídio do Lótus Branco*), o que há de vir é maior, mais majestosamente misterioso do que o passado. Em progresso lento e imperceptível, os Instrutores dos homens haurem sua vida de fontes mais puras e extraem suas mensagens mais diretamente da alma da existência. A vida contém mais do que a imaginação humana pode conceber. O verdadeiro botão de vida cresce até mais que a estatura do homem, e suas raizes bebem das profundezas do rio da vida. No coração dessa flor o homem lerá os segredos das forças diretoras do plano físico, e dentro dele verá escrita a ciência da fortaleza mística.

Ele aprenderá como expor as verdades espirituais e penetrar na vida de seu Eu superior. Poderá tambem aprender como conservar em si a glória desse Eu superior, e bem assim reter a vida neste planeta enquanto este durar, se necessário. E poderá manter a vida no vigor da virilidade, até completar toda a sua tarefa. Então terá ensinado a todos os buscadores da luz estas três verdades:

A alma humana é imortal, e o seu futuro é algo cujo crescimento e esplendor não têm limites.

O princípio dador de vida em nós e fora de nós é imortal e eternamente benfazejo. Não se o pode ouvir, nem ver, nem cheirar, mas é percebido pelo homem desejoso de percepção.

Cada ser humano é o seu próprio legislador absoluto; o seu próprio outorgador de glórias ou ignomínias, o decretador de sua vida, seu prêmio e seu castigo.

Estas verdades, tão grandiosas como a própria vida, são, no entanto, tão simples como a mais simples mente humana. Ministre-se o alimento do conhecimento a todos os que se sintam famintos por ele.

GLOSSÁRIO DOS TERMOS SÂNSCRITOS, E OUTROS, INSERTOS NO TEXTO

ÁTMA. — Vontade espiritual no homem; Espírito ou Alma. O EU Supremo.

ÁTOMO FÍSICO ÚLTIMO. — A Teosofia admite sete estados de matéria física: sólido, líquido, gasoso, etérico, superetérico, subatômico, e atômico ou éter n.º 1, do qual se constitui o átomo físico último.

BUDDHI. — Sabedoria espiritual no homem; intuição; discernimento, amor impessoal.

CHAKRAS. — "Rodas"; centros dinâmicos nos corpos etérico e astral do homem, fisiologicamente ligados aos grandes plexos nervosos. Para detalhes, ver o livro de C. W. Leadbeater, em português, com esse título, ed. PENSAMENTO

DEVARAJAS. — Governadores Divinos, Senhores do Karma ou Lei.

ELEMENTAL CONSTRUTOR — Força semi-inteligente da natureza, existente nos planos mental, astral e etérico, que coopera na construção de formas de vida.

ESPIRILAS. — Correntes rodopiantes de vida da Mônada, circulando na superfície dos átomos físicos teosóficos. Atualmente cada átomo desses conta com 3 espirilas desenvolvidas, 1 em desenvolvimento e 3 latentes a se desenvolverem futuramente, no decurso da evolução. No final da Sétima Ronda, o átomo físico terá suas sete espirilas plenamente desenvolvidas.

FOHAT. — É o poder criador do pensamento do Logos cósmico, atuando em todos os planos do universo.

KAMA. — Desejo, paixão, amor sexual; o corpo astral.

KAMA-MANAS. — Combinação do corpo astral e do corpo mental inferior do homem.

KRIYÂSHAKTI. — O poder de agir. Criação de formas de pensamento; poder criador inerente ao corpo mental.

KUNDALINI. — Poder ígneo. No homem é a grande força magnética ou fohática, latente no âmago de toda matéria.

LOGOS. — Verbo; a Divindade Solar. Nas religiões corresponde a Deus.

LOGOS PLANETÁRIO. — A Divindade de uma Cadeia Planetária. Há seguramente sete dessas Divindades, que são os "sete Espíritos diante do trono de Deus" *(Apoc. 1:4)*. São os poderosos Ministros do Logos Solar.

MANAS. — A mente, o princípio pensante, inteligente e individualizante, no homem. É de natureza dual: 1.° — A mente superior, abstrata, que concebe e projeta as grandes idéias e princípios idealistas sem forma definida, universal; reflete a natureza espiritual do homem. 2.° — A mente inferior, que concebe e projeta as idéias concretas e com forma definida, objetiva; reflete a natureza material humana e é, portanto, um elemento mortal.

MANOMAMAYAKOSHA. — Termo vedantino que significa envoltório *(Kosha)* do *Manomaya,* a mente inferior e concreta. Corresponde ao *Kama-manas,* alma animal e mortal, dos hindus.

PRÂNA. — Sopro, hálito. A vida universal, que se manifesta em todos os planos cósmicos e em todos os mundos. E' o movimento respiratório universal, inerente a todas as formas orgânicas e inorgânicas de vida.

Ronda. — É a passagem de um globo para outro da Vida evolucionante numa cadeia planetária. A evolução de uma cadeia planetária compreende sete Rondas; atualmente nos achamos na metade da quarta, na Terra. Veja-se *Fundamentos de Teosofia* de C. Jinarajadasa.

Surya. — O Sol, uma das Divindades mais importantes da mitologia hindu primitiva.

Sutratma. — "Fio de vida". Expressão vedantina para designar o Eu Superior (Átma) penetrando sucessivamente nos diferentes veículos ou corpos, como um fio em perólas. E' ainda o fio de vida que liga o Eu Superior à Mônada (a Centelha divina no homem) e ao Segundo Logos (o Deus-Filho dos cristãos).

Tríada. — Em Teosofia, designa os três princípios superiores no homem (Átma-buddhi-manas; Vontade-sabedoria-intelecto), que em conjunto constituem o seu Ego imortal. Assim, o homem é de natureza trina como o seu Criador, e por isso diz a Bíblia que Deus o fez "à Sua imagem e semelhança" *(Gên. 1:26)*.

OBRAS CONSULTADAS

Alguns Vislumbres de Ocultismo	C. W. Leadbeater	1909
Atmosfera Humana, A	W. J. Kilner	1911
Auxiliares Inivisíveis	C. W. Leadbeater	1908
Ciência dos Sacramentos, A	Idem	1920
Cinco Anos de Teosofia	H. P. Blavatsky	1910
Clarividência	C. W. Leadbeater	1908
Compêndio de Teosofia	Idem	1912
Doutrina Secreta, A, Vols. I e II	H. P. Blavatsky	1905
Escala das Vidas, A	Annie Besant	1908
Estruturas Psíquicas	W. J. Crawford	1921
Estudo sobre a Consciência, Um	Annie Besant	1904
Eu e suas Envolturas, O	Idem	1904
Experimentos em Ciência Psíquica	W. J. Crawford	1919
Fenômenos de Materialização	Von Schrenck Notzing	1920
Forças Sutis da Natureza, As	Rama Prasad	1897
Fundamentos de Teosofia	C. Jinarajadasa	1921
Homem: Donde e Como Veio, e Aonde Vai?, O	Annie Besant e C. W. Leadbeater	1913
Homem e Seus Corpos, O	Annie Besant	1900
Homem visível e invisível, O	C. W. Leadbeater	1902
Introdução à Ioga	Annie Besant	1908
Lado Oculto das Coisas, O, Vols. I e II	C. W. Leadbeater	1913
Mesmerismo Racional, O	A. P. Sinnett	1902
Mistérios da Natureza	Idem	1901
Mônada, A	C. W. Leadbeater	1920
Morte e Depois?, A	Annie Besant	1901
Mundo Cambiante, O	Idem	1909
Outro Lado da Morte, O	C. W. Leadbeater	1904
Plano Astral, O	Idem	1910
Poder do Pensamento, O	Annie Besant	1903
Realidade dos Fenômenos Psíquicos	W. J. Crawford	1919
Sabedoria Antiga, A	Annie Besant	1897
Sete Princípios do Homem, Os	Idem	1904
Sonhos	C. W. Leadbeater	1903
Teosofia	Annie Besant	1909
Teosofia e a Nova Psicologia, A	Idem	1909
Vida Interna, A, Vols. I e II	C. W. Leadbeater	1911
Vida Depois da Morte, A	Idem	1912

ÍNDICE DOS DIAGRAMAS